교과서 물려주기 기록표

연도	교과서 사용자				상태
	학년	반	번호	이름	

*상태 표기 예시 : 매우 좋은, 좋음, 보통, 나쁨

청소년들의 행복 수업을 위한 첫걸음

행복

서울대학교 행복연구센터 글

주니어김영사   서울대학교
행복연구센터

이 책을 공부하기 전에

1) 이 책의 성격

이 책은 행복의 개념을 정의하고 그 원리를 9가지로 제시하고 있다. 학교 수업뿐만 아니라, 혼자서 볼 때라도 반드시 순서대로 읽을 필요는 없다. 생각날 때마다 손에 잡히는 대로 펼쳐 보자. 어느 장을 먼저 읽더라도 행복에 관한 따뜻한 가르침을 만날 수 있을 것이다.

2) 이 책의 구성과 효율적인 사용 방법

행복의 원리를 설명하는 2장부터는 다음의 내용에 따라 공부해 보자.

각 장의 주제를 소개하기 위해 실제 사례로 시작한다. 이 코너를 통해 해당 주제에 대한 호기심을 가져 보자.

각 장에서 가르치는 행복 원리를 학문적으로 설명하는 이야기 1과 그 원리를 잘 보여 주는 사례 이야기 2로 구성되었다. 이야기 1에서 제시하는 개념을 바탕으로 이야기 2의 사례를 깊게 생각해 보면 각 장에서 설명하고자 하는 행복 원리가 현실에서 어떻게 적용될 수 있는지 알 수 있을 것이다.

 함께 생각하기

행복 원리를 실험적으로 증명한 연구가 생생하게 소개되어 있다. 각각의 행복 원리가 과학적으로 근거가 있음을 확신하는 시간으로 삼아 보자.

 내가 만드는 행복

앞에서 배운 내용을 내 삶에 구체적으로 적용해 보는 시간으로, 일종의 '실천' 편에 해당한다. 수업 시간에 함께 해 보면 좋을 활동들도 소개하고 있다.

 생각 넓히기

각 장의 마무리 부분으로 그 장에서 배운 행복 원리를 다시 기억하고 다짐해 보자.

3) 일러두기

- 책은 《   》, 신문과 잡지, 영화 제목은 〈   〉로 표기했다.
- 띄어쓰기는 국립국어연구원 표기에 따랐다.
- ★는 부록 중 '심리학 용어'에서 찾아볼 수 있다.

| 차례 |

01

행복이란
무엇인가

행복이란 무엇인가

그리스 신화에 나오는 미다스 왕은 엄청난 부자가 되면 행복해질 것이라고 믿었다. 그래서 무엇이든 소원을 들어주겠다는 신에게, 자신의 손이 닿는 모든 것을 황금으로 변하게 해 달라고 간청했다. 신은 미다스 왕의 소원을 들어주었다. 크게 기뻐하며 황금을 만드는 일에 몰두했던 미다스 왕은 어느 순간 자신의 능력이 행복이 아니라 불행의 원천임을 발견하게 된다. 그가 손대는 음식과 포도주가 황금으로 변해서 먹을 수 없게 된 것이다. 심지어는 사랑하는 딸을 만지자 그 딸이 왕의 눈앞에서 황금상으로 변해 버렸다. 이 세상에서 가장 부유한 사람이 되어 가장 행복한 사람이 될 것으로 믿었지만, 결국에는 가장 불행한 사람이 되고 만 것이다.

무엇이든 손만 대면 성공하는 사람을 '미다스의 손을 가졌다'고 한다. 그래서 미다스는 성공의 대명사가 되었다. 어쩌면 우리도 미다스가 되기 위한 꿈을 꾸고 있는지 모른다. 그러나 이 이야기가 가르쳐 주듯이 인생에서 가장 중요한 것은 물질적인 것이 아니다.

우리는 인생의 중심에 성공이 있다고 생각한다. 성공해야만 비로소 행복해진다고 믿는다. 그러나 우리 태양계의 중심이 우리가 믿었던 것처럼 지구가 아니라 태양이었듯이, 성공이 인생의 중심이라는 생각도 잘못된 것일

수 있다. 성공 대신에 행복을 우리 삶의 중심에 놓아야 한다. 성공해야만 행복해지는 것이 아니라, 행복하면 성공할 수 있다고 믿어야 한다. 천동설에서 지동설로 바뀐 것처럼 우리의 인생관에도 근본적인 관점의 변화가 일어나야 한다.

행복은 적극적으로 추구해야 하는 대상이다

아래 두 여성 중에 누가 진짜 미소를 짓고 있을까?

사람이 행복하고 마음이 편안하면 자연스레 얼굴 표정으로 나타난다. 진정으로 웃을 때 우리 눈 주변의 근육들은 수축된다. 반면에 억지로 웃을 때는 입 주변 근육은 올라가지만 눈 주변 근육은 많이 움직이지 않는다. 따라서 어떤 사람의 마음이 정말 즐거운지 아닌지를 알기 위해서는 눈웃음을 보면 된다.

심리학에서는 눈과 입 주변 모두를 움직이는 진짜 웃음을 '뒤센 스마일'★ 이라고 부른다.

미국의 한 여자대학교 졸업 앨범에 실린 사진을 놓고 이들이 뒤센 스마일을 짓고 있는지, 그렇지 않은지 점수를 매겨 보았다. 예를 들어, 앞에 나오는 두 여성의 사진 중에서 왼쪽 여성의 점수는 7점으로, 입 주변 웃음 점수가 3점, 눈웃음 점수가 4점을 받았다. 반면에 오른쪽 여성은 입 주변 웃음이 3점, 눈웃음 1점으로 4점을 받았다. 이처럼 얼마나 미소가 예쁜지가 아니라 '얼마나 진짜 미소를 짓고 있는지?'를 웃을 때 움직이는 근육으로 수치화해 본 것이다. 이때는 두 여성이 스물한 살 때 즈음이었다. 이들이 중년이 되었을 때 다시 조사해 보니, 두 사람을 포함해 졸업 앨범에서 미소가 자연스러웠던 여학생들이 대체로 결혼 생활에 대한 만족도가 높았고 행복하게 살고 있었다. 이것은 젊었을 때 행복한 사람들에게 좋은 일이 일어날 가능성이 많다는 것을 보여 주는 연구 결과이다.

다음과 같은 사례도 있다. 젊은 여성들이 수녀가 되기 위해 훈련을 받은 뒤, 자기소개 글을 쓰도록 요청받았다. 어떤 수녀는 '나는 언제 태어났고, 몇 명 중에 첫째이며, 무엇을 배웠고 앞으로 이런 일을 위해서 최선을 다하겠다.'는 식으로 담담하게 자신을 표현했다. 한편 다른 수녀는 '작년에 아주 행복했다. 그리고 앞으로 나의 미래에 대해 큰 기쁨을 가지고 고대한다.'와 같이 긍정적인 감정을 드러낸 단어들로 자기소개를 작성했다. 수녀들을 대상으로 연구하던 한 심리학자가 1930년도에 작성된 이 자료들을 발견해 분석했는데, 연구자는 단순히 자기소개 글에 긍정 감정을 표현하는 단어의 개수를 세어 보았다. 그리고 긍정 감정의 단어를 많이 사용한 순서

대로 4개의 집단으로 나눈 후, 긍정 단어를 많이 쓴 집단이 더 오래 산다는 가설을 세워서 확인해 보았다. 그 결과, 긍정 단어를 많이 쓴 수녀들(그룹1)이 그렇지 않은 수녀들(그룹4)보다 평균 10년 정도 더 오래 살았다는 사실을 발견했다. 이것은 건강하니까 오래 살아서 행복한 것이 아니라, 젊은 시절에 행복했기 때문에 오래 살 수 있다는 점을 보여 주는 연구 결과이다.

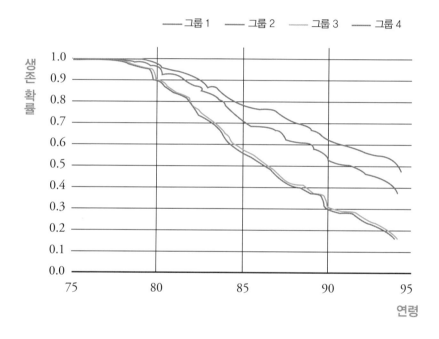

우리는 돈, 건강, 장수, 결혼, 성공이 우리를 행복하게 한다고 믿는다. 어느 정도는 맞는 말이다. 그러나 많은 연구들은 우리가 행복하면 돈, 건강, 장수, 결혼, 심지어 성공의 가능성도 높아진다는 점을 보여 준다.

'행복하다'는 것은 마음이 즐거운 상태이고 마음의 즐거움은 곧 웃음으로 나타난다. 마음의 즐거움, 즉 행복은 우리에게 많은 것을 가져다준다. 운이 좋으면 행복하고 운이 안 좋으면 불행하다고 소극적으로 생각할 것이 아니라, 행복을 우리가 최선을 다해서 적극적으로 추구해야 하는 대상으로 바라보아야 한다.

행복은 인생의 기초 체력이다!

행복은 즐거움과 의미, 몰입이 가득한 상태이다

그렇다면 행복이란 도대체 무엇일까?

행복이 무엇인지 할머니께 여쭤보자. 아마 이런 대답이 돌아올 것이다.

"식구들이 화목하고 건강하면 그게 행복이지!"

많은 사람들이 이 말에 동의할 것이다. 그러나 화목과 건강은 행복의 조건이지 행복 자체는 아니다. 사람들은 흔히 '행복의 조건'과 '행복' 자체를 혼동한다. 행복은 물질적인 조건들의 집합이 아니라 주관적인 상태를 지칭하는 말이다. 가장 쉽게 정의하면 행복은 '마음이 즐거운 상태'이다. 다시 말해 즐거운 마음이 행복인 것이다. 따라서 돈이 부족하더라도, 높은 지위에 오르지 못하더라도 마음이 즐거울 수 있다면 그 사람은 행복하다고 할 수 있다.

이런 식으로 행복을 행복의 조건과 구별해서 생각한다면, '이유 없이 행복하라'는 가르침의 참뜻을 이해할 수 있게 된다. 어떤 조건 속에서도 행복해질 수 있다는 생각이야말로 '행복'을 바라보는 바람직한 태도이다.

행복을 조금 더 들여다보면 다음 세 가지의 즐거움이 행복의 참 모습임을 알 수 있다.

첫째, 글자 그대로 즐거움이다. 맛있는 음식이 주는 즐거움, 재미있는 영화가 주는 즐거움, 따스한 햇살이 주는 즐거움 등 우리를 감각적으로 즐겁게 해 주는 즐거움이다.

두 번째 즐거움은 의미의 발견을 통한 즐거움이다. 우리는 의미 있고 가치 있는 일을 하고 나서 뿌듯함을 느낀다. 비록 그 일을 하는 동안 육체적이나 정신적으로 힘들 수 있지만, 마음만은 보람 있는 일을 했다는 자부심에 그 어느 때보다도 즐거운 상태가 된다. 즉, 의미 있는 일을 하면서 발견하는 즐거움이 행복의 두 번째 모습이다.

세 번째 즐거움은 몰입이 주는 즐거움이다. 사람들은 자신이 좋아하는 일에 몰두하다 보면 시간의 흐름을 잊는다. 일에 푹 빠져서 시간과 공간, 그리고 자기 자신에 대한 생각마저 잊어버리게 되는 상태를 몰입이라고 하는데, 그때 경험하는 즐거움이 행복의 세 번째 모습이다.

즐거움, 의미, 몰입이 가득한 인생을 글자 그대로 '가득 찬 인생'이라고 부를 수 있다. 이 책에서 정의하는 행복은 바로 마음이 즐거움과 의미, 그리고 몰입으로 가득한 상태이다.

이 책의 내용적 구성

즐거움, 의미, 몰입을 경험하기 위해서 우리는 무엇을 해야 할까?

우리가 할 수 있는 행복 연습은 어떤 마음으로, 무엇을, 누구와라는 세 가지 범주로 나누어 볼 수 있다.

인생에서 중요한 것은 마음의 자세이다. 어떤 마음으로 세상을 보는지에 따라 우리의 행복이 달라진다. 2, 3, 4장에서는 행복을 위한 마음의 자세를 다루게 될 것이다.

2장. 관점 바꾸기 행복은 마음에 달려 있다.

무슨 일이 일어나느냐가 아니라 일어난 일을 놓고 어떻게 반응하느냐에 따라 행복해질 수도 불행해질 수도 있다. – 앤드류 매튜스(미국 작가·예술가)

3장. 감사하기 감사는 인생의 '시크릿'이다.

그대가 매일 아침 눈을 떠 가장 먼저 해야 할 일은 아무 일 없이 아침을 맞았음을 감사하는 것이다. – 프랑스 격언

4장. 비교하지 않기 행복의 최대 적은 남과 비교하기이다.

남을 따라 하는 것은 천천히 일어나고 있는 자살이다. – 어느 티셔츠의 문구

무엇을

행복은 아무것도 하지 않고 그저 먹고 마시고 게임하는 것에 있지 않다. 행복은 자신의 인생을 걸 만한 올바른 목표를 설정하고 그것을 적극적으로 추구하는 삶을 살 때 찾아온다. 5, 6, 7장은 목표를 추구하는 삶의 모습에 대해서 다룰 것이다.

5장. 목표 세우기 목적이 이끄는 삶이 행복하다.

생각하는 대로 살지 않으면, 사는 대로 생각하게 된다. – 폴 발레리(프랑스 시인·사상가·평론가)

6장. 음미하기 현재를 충분히 만끽하고 음미하라.

아름다움을 발견하고 즐겨라. 그림과 음악을 사랑하고 책을 즐기고 자연의 아름다움을 만끽하는 것이 좋다. – 셰익스피어(영국 극작가·시인)

7장. 몰입하기 집중할 수 있는 마음이 행복하다.

언제나 현재에 집중할 수 있다면 행복할 것이다. – 파울로 코엘료(브라질 소설가)

누구와

행복의 가장 중요한 원천은 우리가 맺고 있는 소중한 관계들이다. 우리 자신이 행복해지는 가장 좋은 길은 남을 행복하게 하는 것이다. 우리가 추구하는 행복도 '나만의 행복'이 아니라 '우리 모두의 행복'이어야 한다.

8, 9, 10장에서는 행복을 위한 관계 증진법을 다루게 될 것이다.

8장. 관계를 돈독하게 하기 행복은 '사이'에 있다.

우리를 행복하게 만들어 주는 사람들에게 감사해야 한다. 왜냐하면 그들은 우리의 영혼을 꽃피우게 하는 마법의 정원사들이기 때문이다. – 마르셀 프루스트(프랑스 작가)

9장. 나누고 베풀기 내가 행복해지는 가장 좋은 길은 남을 행복하게 하는 것이다.

남을 행복하게 할 수 있는 자만이 행복을 얻는다. – 플라톤(그리스 철학자)

10장. 용서하기 용서는 자신에게 주는 최고의 선물이다.

용서하라. 용서하지 못해 자신의 하루를 망치지 마라. – 경행록(송나라 때의 저작)

이 책을 '행복' 또는 '가득 찬 인생'이라는 요리를 배우기 위한 교과서라고 생각한다면 감사, 음미, 목표, 몰입과 같은 각 장의 제목은 요리를 위한 재료들이고 여러분은 요리사이다. 교과서를 배우면서 자신만의 행복 요리법을 만들어 간다고 생각해 보자. 더 맛있는 요리를 위해 좋은 재료를 선택하고 요리법을 고민하는 요리사의 자세로 자신만의 행복 요리법을 만들어 보자.

02

관점 바꾸기

행복은 마음에 달려 있다

들어가기

옛날 어느 나라에 한 가지 색을 유난히 좋아하는 '퍼시'라는 왕이 있었다. 퍼시 왕은 분홍을 너무나 좋아해서 자신의 모든 물건을 분홍으로 갖춰 놓고 살았다. 심지어 백성들에게도 분홍 옷만을 입도록 명령하고 모든 건물뿐 아니라 나무와 풀, 꽃, 동물들도 분홍으로 염색하도록 했다. 하지만 단 한 곳만은 분홍으로 바꿀 수가 없었다. 바로 하늘이었다. 이에 퍼시 왕은 자신의 스승에게 찾아가 해결책을 찾아 달라고 요청했다. 스승은 며칠 동안 고심 끝에 왕에게 해답을 찾았다고 이야기하고 왕의 손을 이끌고 높은 곳으로 올라갔다. 그러고는 하늘이 이제 막 분홍으로 변하고 있기 때문에 눈을 보호해야 한다고 말하며 안경 하나를 왕에게 씌워 주었다. 놀랍게도 왕의 눈에 비친 하늘은 분홍으로 변해 있었다! 스승은 정말로 하늘을 분홍으로 바꾸었던 것일까?

스승은 왕에게 분홍 렌즈의 안경을 씌워 주었던 것이다. 분홍 안경을 쓰고 본 세상은 온통 분홍이었고 왕은 정말로 자신이 원하던 분홍 하늘을 볼 수 있었다.

퍼시 왕의 행복은 바로 세상을 보는 자신의 안경에 있었던 것이다.

_〈핑크 대왕 퍼시〉 줄거리

생각하기

이 야 기 1 퍼시 왕이 쓴 안경이 의미하는 것이 무엇인지 생각해 보자.

철학자이자 심리학자였던 미국 하버드 대학의 윌리엄 제임스 교수는 다음과 같은 말을 한 적이 있다.

"인류가 발견한 최고의 깨달음은, 인간은 자신의 태도를 바꿈으로 말미암아 자신의 인생을 바꿀 수 있다는 것이다."

태도를 바꾼다는 말은 삶을 바라보는 자신의 관점을 바꾼다는 말이다. 관점, 태도, 자세, 삶의 철학 등 다양한 이름으로 불리는 것을 심리학에서는 프레임*Frame*(틀)이라고 부른다. 똑같은 상황도 관점을 달리하면 다르게 보인다.

다음에 나오는 꽃의 중심처럼 보이는 파란색의 두 원을 자세히 보자. 작은 동그라미에 둘러싸인 원이 오른쪽 큰 동그라미에 둘러싸인 원보다 조금 더 크고 선명하게 보일 것이다. 그러나 실제로 두 원의 크기는 동일하다. 그럼에도 두 원의 크기가 다르게 보이는 이유는 주변을 둘러싸고 있는 원들, 즉 틀의 역할을 하고 있는 원들의 크기가 다르기 때문이다. 퍼시 왕의 안경 같은 역할을 하는 것이 바로 틀, 즉 '프레임'이다.

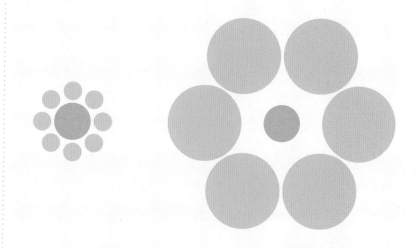

인생은 결국 우리가 가진 관점의 문제라고 할 수 있다. 행복은 행복의 조건들을 얼마나 많이 가지고 있느냐의 문제라기보다는 그런 조건들을 얼마나 많이 볼 수 있느냐의 문제이다.

우리의 행복은 좋은 것을 볼 수 있는 관점을 갖추는 것에 의해 크게 결정된다.

 생각 포인트   위 그림에서 동일한 크기의 원이 다르게 보이는 이유는 무엇 때문인가?

이야기 2 관점을 바꾸면 어떻게 될까? 아래의 '두 개의 수도꼭지'라는 글을 읽어 보자.

작년에 암 환자 교육을 하면서 나는 아주 근사한 아주머니를 만났다. 아주머니는 입버릇처럼 이렇게 말했다.

"나는 암이 재발하면 그냥 '종양이 출장 갔다 돌아왔나 보다.' 해."

아주머니가 남다른 것은 이것만이 아니었다. 나는 매주 교육을 시작하면서 지난주에 무엇을 했는지 질문하곤 했다. 그러면 다른 분은 어디가 아프다거나, 힘들어서 치료를 더 이상 못하겠다는 말을 했는데 이 분만은 매번 좋았던 일을 한 가지 이상 자세하게 말했다. 친구들과 나들이 다녀온 것, 간단한 바느질로 용돈을 번 것, 손자와 하루 놀아 준 것도 아주머니에게는 즐거움이었다.

아주머니가 다른 사람들보다 덜 아프거나 즐거운 일을 더 경험하는 것은 아니었다. 고달픈 항암 치료를 계속 받고 있는 아주머니도 때로는 가족들 생각에 눈물을 흘리기도 한다. 아주머니라고 왜 힘들지 않을까?

아주머니는 '두 개의 수도꼭지 원리'를 이미 알고 있었다. 차가운 물과 따뜻한 물이 나오는 두 개의 수도꼭지처럼 우리 마음의 수도꼭지에서도 한쪽에서는 부정적인 감정이, 다른 한쪽에서는 긍정적인 감정이 흘러나온다. 차가운 물이 나오는 꼭지를 잠근다고 해서 따뜻한 물이 나오는 것은 아니다. 따뜻한 물이 나오는 꼭지를 열어야 따뜻한 물이 나오는 것이다.

"이제 괜찮아요. 여덟 번의 항암 치료 중에 네 번이 남았지만 벌써 반이나 마쳤는걸요!"

_ 서울대학교 행복연구센터 뉴스레터 2010년 6월호 중

🐦 생각 포인트 '두 개의 수도꼭지' 원리에 따르면 단점이나 문제를 없애는
것에만 집중하지 말고, 장점과 긍정의 힘을 개발하는 것이
필요하다는 것을 알 수 있다. 내가 가지고 있는 장점에는
어떤 것들이 있을까?

함께 생각하기

외모는 행복에 얼마나 중요할까? 혹시 외모 자체보다는 자신의 외모를 얼마나 긍정적으로 바라보는지가 행복에 더 중요하지 않을까? 연구에 따르면, 실제로 행복한 사람들은 불행한 사람들보다 자신을 매력적으로 생각한다고 한다. 그런데 흥미로운 점은 행복한 사람과 불행한 사람의 외모를 객관적으로 평가해 보면 두 사람 사이에 큰 차이가 발견되지 않는다는 것이다. 결국, 개인의 행복에 중요한 영향을 미치는 것은 그 사람이 객관적으로 얼마나 매력적인가의 문제가 아니라, 스스로가 자신을 얼마나 매력적으로 바라보는가의 문제라고 할 수 있다. 객관적인 상황보다는 그 상황을 바라보는 관점이 더 중요하다는 것이다.

역경의 상황을 어떤 관점으로 바라보느냐가 우리 인생에 특히 중요한 작용을 한다. 1946년에 미국 하버드대학교 학생들이 자신이 겪은 어려움에 관한 글을 작성했다. 학자들이 그 글을 분석해 학생들이 자신의 고난을 어떤 관점으로 설명했는지를 조사한 후, 5년 간격으로 그들의 건강 상태를 기록했다. 그 결과, 대학 시절 자신의 어려움을 부정적인 관점에서 설명한 학생들은 중년기부터 질병에 시달리기 시작했다. 그러나 긍정적이고 낙관적인 관점에서 고난을 설명했던 학생들은 노년기까지도 활동적이고 건강한 생활을 하고 있음을 발견했다. 역경과 어려움은 누구에게나 닥쳐오지만 그 역경을 어떤 자세로 대하고 어떤 관점으로 바라보느냐가 훨씬 더 중요하다는 점을 보여 주는 연구 결과이다.

관점을 바꾸면 물이 반밖에 없는 컵에 물이 반이나 차 있게 된다. 개구리의 눈으로 보면 실개천이 세상 전부일 뿐이지만 고래의 눈으로 보면 태평양이 내 세상이 된다.

똑같은 일이라도 자신에게 더 힘을 실어 주는 유쾌한 방식으로 해석하고 긍정적으로 생각하는 것은 비록 작고 미미해 보이지만, 그 속에 커다란 행복을 가져다주는 비밀을 품고 있다.

이야기해 보기

최근에 나에게 일어난 좋지 않은 일 한 가지를 생각해 보자. 그 일이 나에게 주는 긍정적인 면이 있다면 무엇인지 이야기해 보자.

_____

_____

_____

_____

내가 만드는 행복

긍정적인 관점을 갖기 위해서는 어떤 어려움에 처하더라도 그 속에서 장점을 발견할 수 있는 연습을 해야 한다. 고통 속에 숨어 있는 장점을 많이 찾아낼수록 우리는 더 행복해질 수 있다. 지금 우리의 삶에서 단점과 고통으로 위장한 장점과 축복을 찾아보자.

 친구들과 서로의 단점을 장점으로 바꾸는 행복 연습을 해 보자.

방법
1. 5~6명씩 친구들과 그룹 만들기
2. 선생님께 받은 종이에 자신이 생각하는 자신의 단점 적기
3. 종이를 잘 접은 다음, 모두 모아서 조그만 상자에 넣기
4. 돌아가면서 상자에서 종이를 하나씩 꺼내 가지기
5. 자신이 선택한 종이에 있는 글을 읽어 보고, 친구가 적은 단점이 장점이 될 수 있는 새로운 제안을 생각해 보기
6. 친구들과 돌아가면서 자신이 뽑은 종이의 내용을 읽고, 자신의 제안을 이야기해 보기
7. 혹시 더 좋은 제안이 있는지 다른 친구들에게도 물어보기

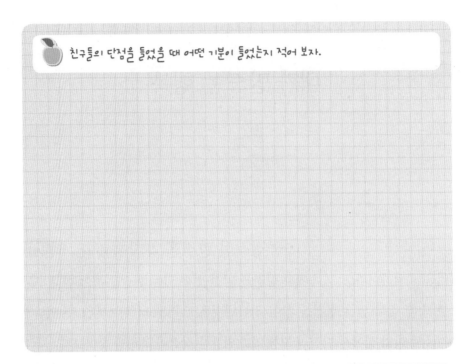

친구들의 단점을 들었을 때 어떤 기분이 들었는지 적어 보자.

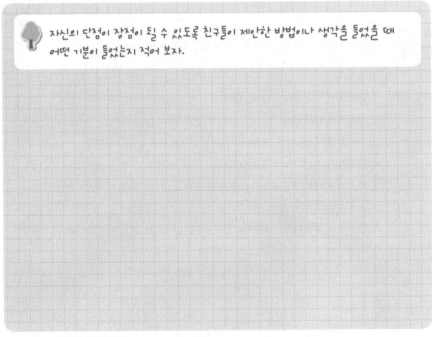

자신의 단점이 장점이 될 수 있도록 친구들이 제안한 방법이나 생각을 들었을 때 어떤 기분이 들었는지 적어 보자.

지금도 자신의 단점이 스스로에게 아주 나쁘기만 한 것으로 느껴지는가? 만약 아직도 그렇다면 스스로 더 좋은 방법을 고민해 보자. 분명히 해답은 있음을 꼭 기억하자!

생각 넓히기

미국 콜롬비아대학교의 명예 교수이자 영화 〈킬빌〉 〈펄프픽션〉 등에 출연한 여배우 우마 서먼의 아버지이기도 한 로버트 서먼 교수는 서양인 최초의 티베트 승려이다. 미국에서 가장 영향력 있는 25인에 선정된 적도 있는 그가 2012년에 한국을 방문해 수덕사의 설정 스님과 대담을 한 적이 있다. 그때 서먼 교수는 자신이 대학교 1학년 때 사고로 왼쪽 눈을 실명한 사연을 설정 스님에게 들려주었다.

"당시 저는 아주 불행하다고 생각했습니다. 절망했죠. 존재에 대한 강한 물음이 제 안에서 올라오더군요."

방황 끝에 인도에서 불교 수행을 하다가 한 몽골 스님이 전해 준 말을 들은 그는, 한쪽 눈을 잃은 것이 불행의 씨앗이 아니라 행복이 될 수 있다는 관점의 변화를 경험하게 되었다.

"붓다의 가르침에 '하나의 눈을 잃는 대신 천 개의 눈을 얻는다.'는 말이 있다는 걸 듣고 문득 깨달았습니다. 우리가 삶에서 만나는 불행이 위대한 행운이 될 수도 있다는 걸 말이죠. 왼쪽 눈을 실명한 일이 저에게도 큰 행운이었지요. 저는 눈 하나를 잃은 대신 삶을 똑바로 볼 수 있는 '비전

(vision)'을 얻었습니다."

시력을 잃은 대신 비전을 얻었다는 서면 교수의 말, 낙관주의자는 위기 가운데서도 기회를 보지만, 비관주의자는 기회 가운데서도 위기를 본다는 윈스턴 처칠의 말, 이 두 가지는 모두 행복에서 관점이 얼마나 중요한지를 보여 준다.

어떤 안경을 쓰고 어떤 관점으로 세상을 보는지는 전적으로 우리들의 선택에 달려 있다. 그리고 그 선택에 따라 우리의 행복도 달라진다.

당신은 지금 어떤 안경을 쓰고 있는가?

관점의 변화를 경험한 로버트 서면 교수가
2012년 한국을 방문해 수덕사 방장 설정
스님과 대담을 가졌다.

ありがとうございます

Thank you

고맙습니다~   謝謝

Merci   Danke

03

감사하기

감사는 인생의 시크릿이다

들어가기

사생아로 태어난 흑인 소녀는 할머니의 손에서 매질을 당하며 지독한 가난 속에서 자랐다. 삼촌의 성폭행으로 열네 살에 미혼모가 됐고 마약과 알코올로 얼룩진 청소년기를 보냈다. 그녀는 매우 뚱뚱했으며 살고자 하는 의지도 약했다. 그러나 현재 그녀는 전 세계 시청자를 울리고 웃기는 사람이 됐다. 그리고 미국인이 가장 존경하는 여성이 되었다. 그녀가 바로 토크쇼의 여왕 '오프라 윈프리'이다.

힘들고 어려웠던 유년기를 보냈던 그녀가 이렇듯 성공할 수 있었던 힘은 무엇이었을까? 그것은 바로 '감사 일기'였다. 오프라 윈프리는 매우 바쁜 하루 중에도 감사한 일을 찾아 감사 일기장에 적는 습관을 갖고 있었다. "오늘도 거뜬하게 잠자리에서 일어날 수 있어서 감사합니다.", "오늘 눈부신 파란 하늘을 보게 해 주셔서 감사합니다.", "오늘 아침 맛있는 토스트를 먹게 해 주셔서 감사합니다." 등 매우 일상적인 것들에 대한 감사가 그녀를 힘든 시기에서 이겨 낼 수 있게 해 준 힘이 되었던 것이다.

사소한 것조차 소중하게 여기고 감사하는 것에는 이와 같이 인생을 바꾸는 엄청난 힘이 존재한다.

생각하기

이야기 1 감사가 무엇이며 감사가

주는 이로움을 생각해 보자.

고마워요, 감사해요

- 아침 학교에 와서 서랍을 열어 보니 쪽지 하나가 있었다. 나의 단짝 친구가 '힘내, 파이팅!'이라며 나를 응원해 줬다. 친구가 있어 든든하고 고마웠다.

- 오늘 아침 아빠에게서 '아들, 사랑해.'라는 문자가 왔다. 쑥스럽긴 했지만 감사했다.

- 동생이 맛있는 과자를 나에게 먼저 양보해 주었다. 동생아 고마워!

- 수학 문제를 잘 몰라 끙끙대고 있는데 선생님이 문제를 잘 설명해 주셨다. 아…… 저렇게 하는 거구나, 이해할 수 있게 설명해 주셔서 감사하다.

- 무척 예쁜 석양을 봤다. 이렇게 아름다운 자연이 있어 감사하다.

- 토요일에 친구들과 모여 마음껏, 재미있게 축구를 했다. 함께 축구할 수 있는 친구가 있어 감사하다.

감사에는 여러 가지 형태가 있다. 내가 받은 축복을 세어 보는 것도 감사고 어떤 사람에게 고마움을 느끼는 것, 신에게 감사하는 것, 역경 속에서도 긍정적인 면을 발견하는 것 역시 감사이다. 감사의 기본은 어떤 일을 당연한 것으로 받아들이지 않는 데 있다. 감사의 중요성에 대해 한 유대인 랍비는 이렇게 말한 적이 있다.

행복은 내가 원하는 것을 가지는 것이 아니라, 내가 가지고 있는 것을 원하는 것이다.(Happiness is not having what we want, but wanting what we have.)

행복은 내가 원하는 모든 것을 갖기 위해 노력하는 것이 아니라, 내게 이미 주어져 있는 것, 내가 이미 이룬 것들을 소중히 여기고 감사하는 것이다.

성인으로 추앙 받는 슈바이처 박사 또한 "인생의 성공 비밀은 감사이다."라고 가르치고 있다. 성공한 사람들의 인생을 분석한 후에 한 학자가 내린 결론도 그들의 인생은 '성공 이야기'가 아니라 '감사 이야기'라는 것이었다.

실제로 한 연구에서 사람들에게 일요일 밤마다 한 주 동안 일어난 일들 중에서 감사할 만한 것들을 다섯 가지씩 6주 동안 적어 보게 했다. 일주일에 한 번씩 규칙적으로 감사 일기를 적어 보게 한 것이다. 그랬더니 감사 일기를 적지 않은 사람들보다 행복감이 훨씬 증가하는 것으로 나타났다.

또, 다양한 연구를 통해 감사를 자주 경험하는 사람들이 그렇지 않은 사람들보다 친한 친구가 많았고, 누군가를 시기하거나 질투하는 일도 적고 리더십도 좋다는 점을 발견했다.

'도대체 감사할 이유가 있어야 감사하지.'라고 냉소적으로 생각할 수도 있다. "감사를 세어 보는 것은 귀찮은 일이야."라고 무시할 수도 있다. 그러나 놀랍게도 최근의 연구들은 일주일에 한 번, 감사의 조건을 다섯 가지씩 적어 보는 것만으로도 우리의 행복감이 상승한다는 것을 보여 준다.

이제, 우리가 그동안 당연하게 여겼던 것들, 예를 들어 숨 쉬게 해 주는 공기, 따뜻한 햇볕, 편안하게 쉴 수 있는 집, 부모님의 사랑, 친구들, 이웃들 그리고 세상에 한 명뿐인 나를 떠올리고 감사를 느껴 보자. 사소한 것도 소중히 여기며 감사히 여기는 습관은 언젠가 겪게 될 수 있는 어려움을 이기게 해 주는 마음의 근육 같은 역할을 해 줄 것이다.

행복은 당연한 것을 놀라운 것으로 받아들이는 것이다!

 생각 포인트　내가 누군가에게 감사를 표현했거나, 누군가가 나에게 감사를 표현했던 경험을 떠올려 보자. 그때 나의 기분은 어떠했나?

이야기 2 《닉 부이치치의 허그》라는 책의 내용 일부를 읽어 보자.

팔과 다리가 없다면 스스로 옷을 입을 수 없고, 음식을 먹는 것도 힘들다. 그러나 그런 상황에서도 오히려 일반인들에게 꿈과 희망을 주는 사람이 있다. 바로, 태어날 때부터 두 팔과 두 다리가 없는 닉 부이치치이다.

팔과 다리가 없는 그는 중·고등학교 시절에 학생 회장을 지냈고 스케이트 보드를 타고, 드럼을 연주하고 컴퓨터를 하며 심지어 수영도 한다. 그리고 전 세계를 돌아다니며 자신은 팔과 다리는 없지만 매우 행복하다고 강의한다. 팔과 다리가 없는 그는 어떻게 자신의 장애를 극복하고 행복한 사람이 되었을까?

그의 비결 역시 '감사'이다. 그는 절망적인 상황 속에서도 감사하라고 말한다. 그의 말을 들어 보자.

"아이들의 놀림으로 인해 우울했던 저의 어린 시절에는 감사함을 느끼는 것이 매우 어려운 일이었습니다. 어머니는 매번 감사하라고 하셨지만 결코 쉽지 않았습니다. 그러던 어느 날 학교를 마치고 집에 왔습니다. 저는 그날 온종일 아이들에게 놀림을 당했고 굉장히 기분이 좋지 않았습니다. 저 자신에게 이렇게 말했습니다. '닉, 긍정적인 생각을 하려고 노력해 보자. 비록 팔과 다리는 없지만 네게는 무엇이 있지? 하느님이 네게 무엇을 주셨지?' 저는 거울에 비친 제 모습을 보며 말했습니다. '닉, 너는 팔과 다리가 없지만 푸르고 아름다운 눈을 가졌어.' 우스꽝스럽게 들리겠지만 저는 외적인 모습이 아니라 내적인 모습이 중요함을 깨달았습니다. 어떤 사람들은 제가 팔과 다리가 없기 때문에 친구가 돼 주지 않았습니다. 그러나 그 사람들은 아주 귀한 우정을 놓쳤습니다. 왜냐하면 저는 아주 좋은 친구이거든요. 이렇게 저는 외모가 아니라 마음이 더 중요하다는 것을 깨닫게 되었습니다.

"난 정말 축복받은 사람입니다."라고 말하는 닉 부이치치.

'내가 조금만 더 ○○했더라면…….'이란 생각은 그만하세요. 대신 여러분이 가진 것에 감사하세요. 저는 지금 이 작은 발과 사랑하는 가족이 있어서 감사합니다. 여러분은 결코 덜 소중한 존재가 아닙니다. 여러분 그 자체가 소중합니다."

_《닉 부이치치의 허그》 중에서

닉 부이치치가 팔과 다리는 없지만 아름다운 눈이 있고, 좋은 친구가 되려는 마음, 그리고 아주 작은 발이 있어서 감사한 것처럼 내가 가진 것을 떠올려 보면 감사할 것들이 많다. 감사할 거리가 없다고 불평할 수 있지만 생각을 바꾸면 감사의 조건은 우리 주변에 널려 있다. 자, 감사를 연습해 보자!

 생각 포인트　내가 당연하게 누리고 있는 것들이 누군가에는 절실한 감사의 대상이 될 수 있다. 내가 당연하게 여기는 것들 중 진정으로 소중한 것들에는 무엇이 있을까?

함께 생각하기

감사한 것을 세어 보는 습관을 갖도록 노력하면 행복해진다는 심리학 연구들이 있다. 한 실험에 참가한 학생들을 세 집단으로 나누고 한 집단의 학생들에게는 일주일 동안 감사하다고 느끼는 일을 다섯 가지씩 적도록 했다. 다른 한 집단의 학생들에게는 다섯 가지 불만스러운 일을, 나머지 한 집단의 학생들에게는 자신에게 일어났던 중요한 일들 중 다섯 가지를 적게 했다. 그 결과, 감사한 것을 적은 학생은 불만스러운 일과 중요한 일을 쓴 학생들보다 훨씬 더 행복하고 즐거운 생활을 했다. 또한 두통이나 기침, 메스거림과 같은 아픈 증상도 별로 나타나지 않았고 운동을 더 많이 했으며, 심지어 친구들을 더 많이 도와주는 것으로 나타났다. 이러한 감사의 효과는 학생들뿐만 아니라 병원에서 치료를 받는 환자들에게서도 나타났다.

감사 편지를 쓰는 것을 통해서도 우리는 더 행복해질 수 있다. 한 연구에서 참가자들에게 고마운 사람을 떠올리고 그 사람에게 일주일 내에 감사 편지를 전달하도록 했다. 그 고마운 사람이 무슨 일을 했고, 그 덕분에 어떤 도움이 되었는지 자세하게 쓰도록 했다. 편지를 완성한 사람은 편지를 전달하고 감사의 마음을 전했다. 그 실험은 기대 이상의 효과가 있었다. 감사 편지를 쓴 사람도, 감사 편지를 받은 사람도 눈물을 흘릴 정도로 감격했다. 두 사람 모두 잊지 못할 행복한 경험이라고 말했다. 감사 편지의 효력은 한 달이 지난 뒤에도 계속되었다. 직접 만나서 전달하고 말하는 것이 쑥스럽다면 혼자서 표현해 보는 것도 괜찮다. 일주일에 한 번 15분씩 8주간 감사 편지를 쓰기만 하고 전달은 안 한 사람들도 더 행복해졌고, 9개월이 지난 뒤에도 여전히 행복한 것으로 밝혀졌다.

이처럼 감사의 조건들을 세어 보는 것이나 감사 편지를 쓰는 것만으로도 우리의 행복감은 올라간다. 철학자 키케로는 인간이 가져야 할 모든 덕목 중 으뜸으로 감사를 선택했다. 또 다른 유명한 철학자 칸트는 '감사하지 않는 것이야말로 악의 본질'이라고 말했다.

감사하기를 연습하자. 이는 행복의 잔고를 올려 주는 아주 효과적인 방법이다! 한 가지 조심해야 할 것은 욕심을 내서 '감사할 내용 100가지 적어 보기'와 같이 감사해야 할 개수를 늘리려고만 하면 오히려 역효과가 날 수 있다는 점이다. 감사 일기를 처음 쓸 때는 많이 쓰려고 하기보다는 쉽게 떠오르는 내용을 적어 보는 게 중요하다. 평소에 당연하다고 생각했던 나의 주변에서부터 찾아보자. 감사의 대상은 생각보다 가까이 있다.

 이야기해 보기

감사를 표현하는 것이 때로는 어색할 수 있다. 어색함을 줄이면서 효과적으로 감사를 표현할 수 있는 방법이 있는지 서로 이야기 나누어 보자.

내가 만드는 행복

감사의 이유를 적어 보자. 늘 당연하게만 여겼던 일상적인 것도 좋다. 부모님과 친구가 해 준 고마운 일을 적을 수도 있다. 내가 누리고 있는 축복을 헤아려 보는 연습을 시작해 보자.

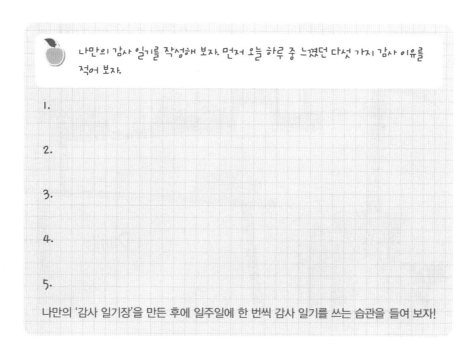

나만의 감사 일기를 작성해 보자. 먼저 오늘 하루 중 느꼈던 다섯 가지 감사 이유를 적어 보자.

1.

2.

3.

4.

5.

나만의 '감사 일기장'을 만든 후에 일주일에 한 번씩 감사 일기를 쓰는 습관을 들여 보자!

고마운 사람에게 감사 편지를 써서 전달해 보자. 평소 당연하게만 생각하고 감사의 표현을 하지 못했던 사람, 이런 부분이 고맙다고 말로 표현은 했지만 다시금 감사를 하고 싶은 사람에게 감사의 마음을 표현하자. 감사함을 느꼈던 상황이나 경험을 구체적으로 적고, 감사의 말을 적어 보자.

감사 편지는 상대방뿐만 아니라 자신에게도 선물이 된다. 지금 감사의 선물 상자를 꾸려 보자.

생각 넓히기

대구에서 공방을 운영하는 김희아 씨는 두 딸을 둔 행복한 엄마이다. 하지만 그녀가 살아온 길이 지금처럼 행복하지만은 않았다. 지금과는 정반대로 그녀의 삶은 출발부터 불행했다.

그녀는 태어날 때 얼굴 한쪽에 붉은 모반을 가지고 태어났다. 그 때문인지 그녀는 부모에게 버려졌고 보육원에서 성장했다.

남들의 눈에 띄는 얼굴 때문에 학교에서 심한 차별과 따돌림도 당했다. 심지어 그녀를 후원해 주던 사람마저 그녀의 얼굴을 보고는 후원을 중단하는 등 말할 수 없는 고통을 겪으며 청소년기를 보냈다.

"초등학교 3학년 때 담임 선생님께서 저를 앞에 세워 두고 아이들에게 그리라고 하셨어요. 반 친구들이 절 그렸는데, 수십 장의 그림 속에 그려진 제 모습을 봤을 때, 제가 남들한테 얼마나 끔찍하게 보이는지 처음 알았어요. 너무 괴로웠어요. 그때부터 고통이 시작됐어요. 고개를 들고 다닐 수가 없었어요."

그런 그녀에게 힘이 되어 준 건 지금의 남편이다. 당시 그녀는 짙은 화장으로 얼굴의 붉은 모반을 애써 감추고 연애를 하고 있었는데 우연히 화장 안 한 그녀의 얼굴을 본 남자는 그녀의 외모보다 내면을 보고 그녀를 사랑해 주었다. 심지어 그녀가 뜻하지 않은 얼굴암에 걸려 얼굴 한쪽 뼈를 다 깎아 내 얼굴이 심하게 변형된 후에도 변함없이 그녀 곁을 지켜 주었다. 그러나 그녀를 일으켜 세운 힘은 남편의 사랑만이 아니었다.

바로 그녀가 발견한 '감사하기'의 힘이었다. 김희아 씨는 절망하지 않기 위해서 감사할 이유를 애써 찾아야만 했다고 고백한다. 김희아 씨에게 감사는 살아남기 위한 그리고 앞으로 남은 긴 생애를 살아갈 마지막 수단이었다.

그녀는 부모님으로부터 버림받은 것에 대해서도 남들보다 세상을 일찍 배울 수 있었던 기회라고 생각했고, 남들과 다른 얼굴 덕분에 보육원에 취직이 되어 아이들을 돌볼 수 있었으니 그것도 감사한 일이라고 생각했다. '내가 저 얼굴이었다면 나는 차라리 죽었겠다.'라고 수군대는 사람들에게는, 이런 고통을 이겨 낼 힘이 당신들에게는 없지만 자신에게는 있으니 그것도 감사할 일이라고 생각했다고 한다.

김희아 씨는 자신을 낳아 준, 그렇지만 한 번도 본 적 없는 부모에게 "낳아 주셔서 정말 감사하다."는 말을 꼭 전하고 싶다고 한다. 두 딸을 키우면서 아이들이 자신에게 준 사랑과 감사를, 정작 자신은 그 부모에게 준 적이 없다는 것을 깨닫고는 부모님의 사랑에 깊이 감사하게 된 것이다. 그녀는 자신에게 감사는 절망 가운데서 희망과 생명을 안겨 준 행복의 원천이라고 고백한다.

이처럼 어떠한 감사 거리도 없을 것 같은 상황에서도 감사의 이유는 존재한다.

감사는 절망을 희망으로, 낙심을 소망으로 바꾸는 마법과 같은 힘이 있다. 자신에게 있는 감사의 조건들을 찾아보자.

힘들 땐 푸른 하늘을 볼 수 있는 눈이 있어 나는 행복합니다.
잊지 못할 추억을 간직할 머리가 있어 나는 행복합니다.
잠이 오지 않는 밤에 별의 따스함을 들을 수 있는 귀가 있어
나는 행복합니다.
내 비록 우울하지만 나보다 더 슬픈 사람들을 도울 수 있는
발이 있어 나는 행복합니다.

— 작자 미상

04

비교하지 않기

행복의 최대 적은
남과 비교하기이다

들어가기

어느 제약 회사의 TV 광고가 시청자들에게 큰 호응을 얻은 적이 있다. 광고의 첫 장면에서는 회사 생활에 지친 직장인 둘이 포장마차에 앉아 사표를 내야겠다고 푸념한다. 뒤이어 그 장면을 방바닥에 누워 TV로 보면서 '취직을 해야 사표도 쓰지. 부럽다.' 하며, 한숨을 쉬는 실업자가 나온다. 다시 그 모습을 내무반에서 긴장한 채 꼿꼿하게 앉아 있는 이등병이 힐끔힐끔 보면서, 편하게 누워 있을 수 있는 실업자를 부러워한다. 그런데 이등병의 모습을 포장마차에 있던 직장인들이 TV로 보면서 이렇게 말한다. "아, 부럽다. 그때는 제대만 하면 끝이었는데."

그들은 하나같이 자신이 현재 처하지 않은 남들의 환경을 부러워한다. 우리도 마찬가지다. 우리는 쉽게 누군가를 부러워한다. 저 사람만큼만 되면 좋겠다고 생각한다. 그런데 알고 보면 그 사람도 누군가를 부러워한다. 그가 부러워하는 그 어떤 사람은 어쩌면 우리 자신인지도 모른다.

이 부러움의 사슬을 끊고, 남들과 자신을 비교하지 않는 것에 바로 행복이 있다.

생각하기

이야기 1 다른 사람과 비교하지 않는다는 것이 무엇을 의미하는지 생각해 보자.

심리학의 용어 중 '상대적 박탈감(relative deprivation)'이라는 다소 어려운 말이 있다. 이 용어를 잘 설명하는 심리학 실험 하나를 소개하고자 한다.

1941년, 미국 아이오와대학교의 한 연구 팀에서는 미취학 아동들에게 고장 난 장난감들을 주며 가지고 놀게 했다. 예를 들면, 수화기가 없는 전화기, 책상 없는 의자, 물에 띄울 수 없는 보트 등의 물건들이었다. 하지만 아이들은 이 불완전한 장난감들을 가지고 상상력을 동원하여 마치 수화기가 있는 전화기처럼 또는 물위에 떠 있는 보트처럼 정말 신나게 가지고 놀았다.

하지만 문제는 다음 날 일어났다. 어제와 똑같은 환경에서 신나게 놀려고 온 아이들은 옆방의 친구들이 완전한, 그리고 최신의 장난감들을 가지고 노는 것을 유리문 너머로 보게 된 것이다. 이 광경을 본 아이들은 그들의 환경에서 아무것도 달라진 게 없는데도 갑자기 변해 어른들에게 칭얼대는 등의 이상 행동을 보이기 시작했다.

아이들도 자신이 어제 가지고 놀던 장난감들이 고장 난 것이라는 걸 처음부터 알고 있었다. 그럼에도 아이들은 무척 재미있고 행복하게 그 장난감들을 가지고 놀았다. 그런데 다음 날 아이들의 행동이 왜 달라졌을까?

바로 비교 대상이 생겼기 때문이다. 자신들의 것보다 더 좋은 장난감을 가지고 놀고 있는 친구들을 보았던 것이다. 이렇듯 '상대적 박탈감'이란 남과 비교할 때 생기는 부정적인 감정이다.

행복을 방해하는 가장 큰 적은 바로 남과 비교하기이다. 행복은 내가 얼마나 많이 가지고 있느냐의 문제라기보다는, 내가 가지고 있는 것들에 얼마나 만족하느냐의 문제이다. 남들과 비교하는 게 습관이 되면 만족감을 느끼기는 쉽지 않다.

 생각 포인트　위의 실험에서 아이들의 행동이 갑자기 변한 이유는 무엇인가?

이야기 2 불행은 남들과 비교하는 데에서 시작된다. 다음의 '이봉주 선수 이야기'를 읽어 보자.

'국민 마라토너', '지구 네 바퀴를 돈 사나이'. 바로 마라토너 이봉주 선수의 이야기이다. 하지만 이봉주 선수가 가장 좋아하는 별명은 '봉달이'이다. 봉달이는 이봉주 선수를 사랑하는 국민들이 붙여 준 애칭이다. 과연 그가 이토록 사랑받는 비결은 무엇일까?

마라톤은 많은 운동 가운데에서도 가장 힘든 종목으로 손꼽힌다. 육상 경기 중에서도 최장거리 종목으로, 42.195킬로미터의 거리를 완주해야만 해서 인간의 한계를 시험하는 경기라 할 수 있다. 이봉주 선수는 세계 대회에서 마라톤 41회 완주로 세계 최다 완주 기록 보유자가 되었다. 마라톤 세계선수권대회 우승자들의 평균 완주 횟수가 10번 정도라고 하니, 41번의 완주가 얼마나 대단한 것인지 짐작할 수 있다.

이봉주 선수는 마라톤을 사랑했기 때문에 그렇게 많은 완주를 해낼 수 있었다. 많은 마라톤 선수들이 마라톤을 '고통'이라고 표현한다. 완주를 해내기까지의 고통이 극심하기 때문이다. 하지만 이봉주 선수에게 마라톤은 '즐거움'이었다. 어린 시절 어려운 가정 형편 때문에 운동선수라는 꿈을 포기했던 그에게 마라톤은 그 꿈을 되찾아 준 기회였고, 마라토너로서 수많은 사람들에게 기쁨과 용기를 줄 수 있는 계기였기 때문이다.

이봉주 선수는 뛰어난 기록도 많이 보유하고 있다. 국가 대표로 태극 마크를 달고 올림픽에 연속 4회 출전하기도 했고, 그가 2000년에 세운 마라톤 한국 신기록은 지금도 깨지지 않고 있다. 또 1996년 애틀랜타 올림픽에서 은메달을 따기도 했다. 하지만 이봉주 선수는 올림픽에서 금메달을 따지 못했다. 올림픽은 모든 운동선수들에게 가장 큰 영광의 무대이기 때문에, 많은 사람들이 이봉주 선수가 금메달을 따지 못해서 행복하지 않을 것이라고 생각하기도 한다.

　하지만 이봉주 선수는 행복하다. 그에게 마라톤은 타인과의 싸움이 아닌 자신과의 싸움이었다. 이봉주 선수는 20년간 마라톤을 했다. 그리고 만약 다음 세상에 다시 태어난다면 또 마라톤을 하겠다고 말했다. 그가 올림픽에서 금메달을 딴 다른 누군가와 자신을 끊임없이 비교하고 괴로워하며 마라톤에 임했다면, 그럴 수 없었을 것이다. 많은 사람들이 그가 달릴 때 용기를 얻었고, 그에게 갈채를 보냈다. 그는 우리의 가슴속에 영원히 빛나는 최고의 마라토너이다.

🐦 생각 포인트　　이봉주 선수의 행복 비결은 무엇일까?

함께 생각하기

은메달과 동메달 중 어떤 메달을 받은 선수들이 더 행복할까? 미국 코넬대학교 심리학과 팀은 당연히 동메달보다 은메달을 딴 선수들이 더 행복할 것이라는 사람들의 생각이 실제로도 사실인지를 알아보는 연구를 했다.

1992년의 올림픽 중계 자료를 조사해 은메달과 동메달을 받은 선수들이 메달이 확정되는 경기 종료 순간에 지은 표정을 분석한 결과, 흥미롭게도 동메달을 딴 선수들이 은메달을 받은 선수들보다 훨씬 행복한 표정을 많이 짓는 것으로 나타났다. 왜 은메달을 딴 선수들이 동메달을 받은 선수들보다 행복감이 떨어졌을까?

그 이유는 은메달을 딴 선수들은 금메달을 딴 선수와 비교를 해서 금메달을 따지 못한 아쉬움과 실망감으로 인해 은메달의 가치를 제대로 느끼지 못했기 때문이다. 하지만 동메달을 받은

선수들은 자칫했으면 메달을 따지 못할 수도 있었던 상황과 비교를 하기 때문에 오히려 다행이라고 느껴 자신의 목에 걸린 동메달에 만족감을 느꼈던 것이다. 어떤 대상과 비교하느냐에 따라 행복감은 달라진다.

그렇다면 행복한 사람과 행복하지 않은 사람들은 비교의 상황에 놓였을 때 어떤 차이를 보일까? 미국의 심리학자 루버머스키와 로스는 스탠포드 대학생들에게 단어 맞추기 문제(anagram: 흩어진 알파벳으로 단어를 만드는 것)를 이용한 실험 하나를 실시했다. 두 문제를 풀면 제출하고 다시 새로운 문제를 받아 가도록 했다. 연구자들은 대학생들을 두 그룹으로 나누어, 한 그룹의 대학생들은 자신보다 훨씬 빠른 속도로 새로운 문제를 받아 가는 사람과 함께 문제를 풀게 했고, 다른 그룹은 자신보다 느린 속도로 새로운 문제를 받아 가는 사람과 함께 문제를 풀게 했다. 단어 맞추기가 모두 끝난 후, 대학생들에게 자신의 단어 맞추기 능력이 어느 정도인지를 질문했다.

그 결과, 아래의 그림에서 보듯이 행복한 학생은 함께 문제를 푼 사람이 자신보다 빠른 속도로 풀었는지 천천히 풀었는지와 크게 상관없이 자신의 능력을 평가했다. 그러나 행복하지 않은 학생은 함께 문제를 푼 사람이 자

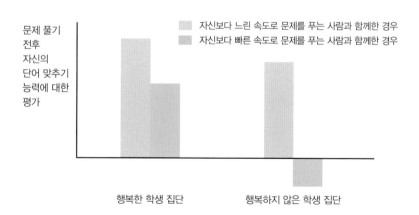

문제 풀기 전후 자신의 단어 맞추기 능력에 대한 평가

자신보다 느린 속도로 문제를 푸는 사람과 함께한 경우
자신보다 빠른 속도로 문제를 푸는 사람과 함께한 경우

행복한 학생 집단   행복하지 않은 학생 집단

신보다 빠른 속도로 문제를 풀었을 경우에는 문제를 풀기 전보다 자신의 능력을 더 낮게 평가했다.

행복하지 않은 사람은 늘 자신을 평가할 때 남과 비교한다. 그래서 자기보다 잘난 사람과 자신을 비교할 때는 열등감을 느낀다. 반면에 행복한 사람은 자신의 모습을 바라볼 때 기준을 남에게 두지 않기 때문에 다른 사람이 나보다 잘하든 못하든 개의치 않는다.

서울대학교 행복연구센터에서 한국인과 미국인들을 대상으로 "올림픽 금메달 1개와 동일한 가치를 갖는 은메달 수와 동메달 수는 각각 몇 개인가?"라는 질문을 던진 결과, 행복한 사람들이 은메달과 동메달의 가치를 더 크게 평가하였다. 이렇게 생각하는 것이 행복에 유리하다. 노력은 메달 색깔로 쉽게 판단할 수 없다. 행복한 사람들은 과정 속에서 성장하는 자신을 바라본다.

또 다른 연구에 따르면 자신보다 더 뛰어난 사람과의 비교뿐만 아니라, 자신보다 더 못하다고 생각되는 사람과의 비교조차도 그 횟수가 많아지면 행복감이 낮아지는 것으로 밝혀졌다. 나보다 처지가 안 좋은 사람과 비교해서 감사를 경험하는 것은 좋은 일이지만, 그것이 습관이 돼서 항상 비교를 하게 되면 결국에는 행복에 방해가 된다는 것을 의미한다.

 이야기해 보기

나도 못했지만 다른 친구가 더 못했을 때 기분이 좋았던 적이 있는가? 그런 경험이 자주 반복되면 안 좋은 이유에 대해서 이야기를 나누어 보자.

내가 만드는 행복

비교하는 습관을 줄이는 경험을 늘여 보자. 비교하는 습관은 행복감을 떨어뜨린다. 옷, 가방, 집 평수, 자동차 배기량 등과 같은 물질적인 것을 생각하면 할수록 자꾸 남과 비교하게 되고 이러한 습관은 우리의 행복에 방해가 된다.

반면에 친구들과 신나게 수다를 떨다 보면 어느새 행복감을 느끼는 자신을 발견하게 된다. 이때 누가 더 수다를 잘 떠는지 비교하지 않는다. 또 매우 더운 날, 집에 들어가자마자 샤워를 할 때 우리는 시원함을 느낀다. 이때의 경험을 다른 사람의 샤워 경험과 비교하지 않는다. 이처럼 비교가 잘 일어나지 않는 경험들을 우리의 삶에서 확대해 나가는 것이 비교를 막는 또 하나의 방법이 될 수 있다.

 소소하지만 평소에 나를 행복하게 하는 경험들을 떠올려 보자. 이러한 경험들을 통해서 비교보다 행복에 더 중요한 점이 무엇인지 생각해 보고 적어 보자.

인생 그래프 그리기

자기 삶에 대한 만족감

(예)

10   20   30   40

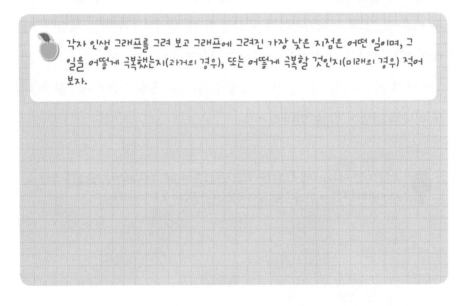

각자 인생 그래프를 그려 보고 그래프에 그려진 가장 낮은 지점은 어떤 일이며, 그 일을 어떻게 극복했는지(과거의 경우), 또는 어떻게 극복할 것인지(미래의 경우) 적어 보자.

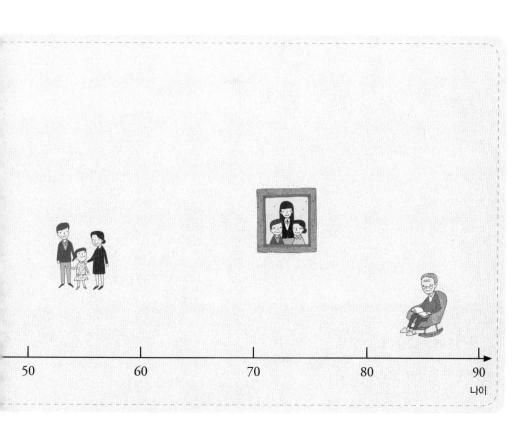

50	60	70	80	90

나이

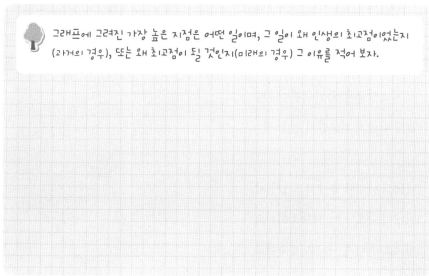

그래프에 그려진 가장 높은 지점은 어떤 일이며, 그 일이 왜 인생의 최고점이었는지 (과거의 경우), 또는 왜 최고점이 될 것인지(미래의 경우) 그 이유를 적어 보자.

생각 넓히기

행복은 비교를 모른다

박노해(시인)

나의 행복은 비교를 모르는 것
나의 불행은 남과 비교하는 것

남보다 내가 앞섰다고 미소 지을 때
불행은 등 뒤에서 검은 미소를 지으니

이 아득한 우주에 하나뿐인 나는
오직 하나의 비교만이 있을 뿐

어제의 나보다 좋아지고 있는가
어제의 나보다 더 지혜로워지고
어제보다 더 깊어지고 성숙하고 있는가

나의 행복은 하나뿐인 잣대에서 자유로워지는 것

나의 불행은 세상의 칭찬과 비난에 울고 웃는 것

남들과 비교하지 않기란 쉽지 않다. '비교하지 말자!'라고 다짐하는 것도 필요하지만 그보다 더 효과적인 방법은 바로 남들과 비교하는 것이 아니라, 과거의 자기, 미래의 자기와 비교하는 것이다. 과거의 자기와 비교해 현재의 자기가 얼마나 향상되어 가고 있는지, 자신이 꿈꾸는 미래의 자기와 비교해 현재의 자신이 얼마나 발전하고 있는지를 비교해 보는 것이다. 우리는 지금보다 더 행복해질 수 있다. 다른 사람이 가진 것을 부러워만 하지 않고 나만의 행복을 소중하고 아름답게 그려 간다면 어느새 우리는 세상에서 가장 행복한 사람이 되어 있을 것이다.

목표
세우기

목적이 이끄는
삶이 행복하다

들어가기

만화를 좋아하는 한 남자가 있었다. 그가 처음 그린 만화는 형편없다며 가는 곳마다 거부당했고, 그가 세운 만화영화 제작소는 금세 실패하고 말았다. 어쩌다 성공한 캐릭터마저 다른 사람의 손에 넘어가는 등 그의 인생은 실패의 연속이었다. 그러나 그는 좋은 만화를 만들고 싶다는 꿈을 결코 포기하지 않았다.

마침내 그는 만화 영화 〈미키 마우스〉 시리즈로 크게 성공했고 아카데미상까지 받게 되었다. 그는 〈미키 마우스〉뿐만 아니라 〈도널드 덕〉, 〈백설공주〉, 〈정글북〉 등 수많은 인기 작품을 제작했고 디즈니 랜드까지 짓게 되었다. 그가 바로 유명한 월트 디즈니이다.

만약 그가 좋은 만화를 만들고 싶다는 꿈을 포기했더라면 우리는 미키 마우스도, 백설 공주도 만나지 못했을 것이다.

월트 디즈니를 이끄는 힘은 꿈이었다. 우리는 흔히 꿈과 목표를 성공과 관련시켜서 생각하지만 사실 꿈과 목표는 우리의 행복을 위한 필수 조건이다.

생각하기

이 야 기 1 목표란 무엇이며 어떤 목표를 세우는 것이 좋은지 알아보자.

목표는 도로에 그려진 차선의 역할을 한다. 만일 차선이 사라진다면 도로는 대혼란에 빠질 것이다. 인생도 마찬가지다. 분명한 목표를 지니고 있지 않다면 우리의 삶도 방향성을 잃게 된다. 한 가지 흥미로운 사실은, 목표를 가진 사람과 그렇지 않은 사람은 행복감을 느끼는 데 크게 차이가 있다는 점이다.

한 연구에서 대학교에 다니는 학생들에게 '목표가 있는지 없는지'를 묻고, 목표가 있다면 '목표가 무엇인지'를 물어보았다. 그리고 15년 동안 해마다 그 사람들을 만나서 인터뷰를 했고, 얼마나 행복한지도 물었다. 그 결과, 15년 전에 목표가 있다고 말했던 학생들이 목표가 없다고 말했던 학생들보다 훨씬 행복한 것으로 나타났다.

어떤 목표를 갖는가보다 목표를 갖는 것 자체가 우선이다. 그렇다고 해서 아무 목표나 가져도 상관없다는 것일까? 물론, 그건 아니다.

먼저 그 자체로 즐겁고 의미 있는 일을 목표로 세워야 한다.

앞선 연구에서 직업으로 성공하고 돈 많이 버는 것을 목표라고 말한 학생들보다 친구, 가족, 그리고 사회를 위한 목표를 가지고 있다고 말한 학생들이 더 행복한 것으로 밝혀졌다.

돈, 권력, 명성만을 좇는 것을 '물질주의'라고 하는데 물질주의적 목표를 갖는 것은 오히려 행복에 방해가 된다. 행복은 누군가의 기대에 부응하기 위해 하기 싫은 일을 억지로 목표로 세우는 것에서 오는 것도, 물질주의적 목표에서 오는 것도 아니다. 그보다는 스스로가 즐기고 의미를 발견할 수 있는 목표를 세울 때 행복해진다.

또한 목표는 구체적이어야 한다.

한 연구에서 한 집단의 학생들에게는 목표와 함께 '언제' 그리고 '어디'에서 할지를 구체적으로 정하도록 했고, 다른 집단의 학생들에게는 목표만 정하게 하고 구체적인 계획을 묻지 않았다. 결과는 어땠을까? 구체적인 목표를 세운 학생들이 그렇지 않은 학생들보다 훨씬 더 성공률이 높았다.

그저 '열심히 공부하겠다' 등의 애매한 목표보다는 '이 단원을 오늘 저녁 8시까지 마치겠다'와 같이 목표 달성의 시간이 정해져 있고, 달성했는지 판단할 수 있는 목표가 효과적이다.

목표 세우기의 또 다른 전략은 '하지 말자' 대신에 '하자'의 목표를 세우는 것이다. 연구 결과, '게임 많이 하지 말자', '늦잠 자지 말자', '선생님께 혼나지 말자' 등의 '하지 말자' 목표 대신에 '게임 시간을 지키자',

'아침에 빨리 일어나자', '선생님 말씀을 잘 듣자' 등 '하자'의 목표가 행복에 유리한 것으로 밝혀졌다.

이처럼 '하자'의 목표를 심리학에서는 '접근의 목표'라고 한다. 어떤 일을 회피하고 안주하기보다는 적극적으로 추구하는 접근의 목표를 세우는 것이 행복한 사람의 특징이다.

'하지 말자'라는 목표는 축구로 치자면 수비를 잘하는 것에 해당한다. 실점하지 않도록 최선을 다하는 것도 승리를 위해서는 필요하다. 그러나 이기기 위해서는 골을 넣어야 한다. '하자'의 목표는 바로 공격에 해당한다. 소극적으로 관망만 하지 말고, 어떤 일에 적극적으로 뛰어드는 '하자'의 정신으로 사는 것이 행복한 삶을 이룰 수 있는 비결이다.

 생각 포인트　내가 가지고 있는 '하지 말자' 목표들을 '하자' 목표로 바꾼다면 어떻게 바꿀 수 있을까?

이야기 2 농구 황제, 마이클 조던의 이야기를 읽어 보자.

1986년 4월 21일 시카고 불스와 보스턴 셀틱스의 농구 경기가 있었다. 연장전까지 가는 대접전 끝에 결국 보스턴이 승리했다. 그러나 아무도 경기의 결과 자체에 주목하지 않았다. 이날의 주인공은 단연 신인 선수 마이클 조던이었다. 그는 53분 동안 무려 63점을 터트리며 '원맨쇼'를 펼쳤다. 마이클 조던은 은퇴할 때까지 정규 리그 MVP 5회, 결승전 MVP 6회, 득점왕 10회의 기록을 세웠다. 득점 면에서도 3만 2292점으로 역대 통산 4위의 득점 기록과 정규 시즌 평균 득점 1위라는 불멸의 기록을 남겼다.

그가 어느 한순간에 농구 황제가 된 것은 아니다. 그 성적을 내기 위해 끊임없는 목표 설정과 노력이 있었다.

66 한 걸음 한 걸음 나아가는 것, 어떤 일을 하든지 목표를 달성하는 데 이보다 뛰어난 방법은 없었다. 나는 언제나 '최고가 된다'는 궁극적인 목표를 가지고 있었다. 하지만 무슨 일을 하든지 한 걸음씩 나아가기 위해 언제나 단기적인 목표를 세웠다. 지금 돌이켜보니

각각의 단기적인 목표나 성공이 다음 목표를 이루어 준 것 같다.

고등학교 2학년 때 학교 농구부에서 탈락되는 뼈아픈 경험을 했고, 그때 나는 농구 팀의 주전 선수가 되겠다는 목표를 세웠다. 그리고 그 목표를 달성하기 위해 정신을 집중했고, 시합을 할 때도 목표 달성만을 생각했다. 그 목표를 달성했을 때는 실제로 성취할 수 있는 합리적이고도 실현 가능한 다음 목표를 세웠다. 그리고 그때마다 장차 내가 있고 싶은 곳과 내가 바라는 선수가 된 나의 모습을 마음속에 그려 보곤 했다. 내가 가고 싶은 길을 정확히 알고 있었고, 그 길을 가는 데 집중했다. 내가 정한 목표들을 이루었을 때는 다음의 다른 목표를 세웠다. 나는 일단 목표를 세우고 그 목표에 충실할 때는 어떤 것도 두렵지 않았다. "

_《I CAN'T ACCEPT NOT TRYING》중에서

마이클 조던은 꿈을 이루기 위해 작은 목표를 세워 집중했고, 하나의 목표를 이룬 후 그다음의 목표를 세우며 노력했다. 그리고 자신이 꿈꾸는 미래의 자기 모습을 항상 마음속에 그려 보았다. 끊임없는 목표 설정과 노력이 그를 농구의 황제로 만든 것이다.

 생각 포인트 내가 반드시 이루고 싶은 목표는 무엇이고, 그 목표를 달성하기 위해 나는 어떤 노력을 하고 있나?

함께 생각하기

목표는 우리를 더욱 행복하고 활력 있게 만들어 주는 에너지이다. 행복한 목표를 갖기 위해서는 다음의 두 가지가 중요하다.

1. 의미 있는 목표를 가져라

목표의 내용이 무엇인지에 따라서 행복과 성공의 정도가 달라진다. 어떤 목표는 다른 목표보다 우리를 더 행복하게 한다. 특히 나에게 의미 있고 가치 있는 목표를 가질 때 더 행복해진다.

한 심리학 연구를 살펴보자. 미국의 한 대학에서 졸업생들에게 자신의 목표에 대해 물어보았다. 어떤 학생은 '돈이 많은 사람이 되는 것', '인기가 많은 사람이 되는 것'과 같은 목표를 가지고 있었고(이를 '외재적 목표'라고 한다), 어떤 학생은 '다른 사람을 도와주는 것', '더 좋은 인간관계를 갖는 것' 등의 목표를 가지고 있었다(이를 '내재적 목표'라고 한다).

몇 년 후 그 졸업생들을 찾아가서 자신의 목표를 얼마나 달성했고 현재 얼마나 행복한지를 물었다. 분석 결과, 목표 달성 여부는 졸업생의 행복에 별로 영향을 주지 않았다. 행복에 영향을 미친 것은 목표의 내용이었다. 가치 있고 의미 있다고 여겨지는 내재적 목표를 가진 사람이 더 행복했고, 다른 사람들과 더 잘 지내고 있었으며 좋은 기분도 많이 느끼고 스트레스도 덜 받는 것으로 나타났다. 그러나 외재적 목표를 가진 사람은 목표를 달성했음에도 수치심이나 화, 불안함과 같은 안 좋은 기분을 자주 느꼈고 건강도 좋지 않았다.

왜 그럴까? 그 이유는 돈, 인기, 명예를 위한 목표는 다른 사람과 늘 경쟁하게 하고 시기심과 질투심을 일으키기 때문이다. 또 목표를 달성했을 때 오는 기쁨도 금방 사라진다. 그러나 진정으로 자신을 위하고 다른 사람을 사랑하고 사회에 공헌하기 위한 목표는 우리의 잠재력을 더 발휘하게 해서 우리로 하여금 활력이 넘치고 더 행복하게 한다.

2. 긍정적으로 생각하라 – 꿈은 현실이 된다

목표가 이루어질 것이라고 긍정적으로 믿고 기대할 때 목표가 주는 힘은 더 강해진다. 한 실험에서 학생들에게 지금 목표가 무엇이고, 그 목표를 이룰 수 있다고 생각하는지, 그 목표를 이루기 위해 얼마나 노력하고 있는지 등을 물어보았다. 그 결과, 목표를 이룰 수 있다고 긍정적으로 생각하는 사람은 목표를 향해서 더 열심히 노력했다. 그뿐만 아니라 목표를 이룰 수 있다고 스스로 용기를 북돋았고, 목표를 이룰 수 있는 여러 방법들을 적극적으로 생각했다. 즉, 목표를 이룰 수 있다고 생각하는 낙관적인 사람이 목표를 이룰 수 없다고 생각하는 비관적인 사람보다 목표를 더 잘 달성할 수 있었다.

진정으로 원하는 목표를 이룰 수 있다는 기대감은 우리를 삶에 더 집중하게 만들고, 목표를 위해 노력하는 모습은 스스로를 자랑스러워하게 만든다.

긍정적으로 생각하는 것만으로도 행복해진다는 또 다른 증거가 있다. 한 연구에서 사람들에게 자신이 이루고 싶은 꿈을 성취하는 멋진 미래를 상상해 보도록 했다. 단, 현실적으로 불가능한 공상이 아닌 긍정적이고 실현할 수 있는 미래를 생각하게 했다. 어떤 사람은 결혼해서 멋진 집에서 가족과 화목하게 사는 모습을 생각했고, 또 어떤 사람은 기자의 모습, 멋진 외교관의 모습 등으로 행복하게 살아가는 모습을 생각했다. 그랬더니 장래의 나의 모습을 긍정적으로 생각한 사람은 그렇지 않은 사람들보다 훨씬 더 행복해했다.

의미 있는 목표를 세우고 그 목표와 꿈을 이룰 수 있을 것이라고 긍정적으로 생각하는 힘은 매우 강력하다. 행복해지고 싶다면 진정으로 의미 있는 목표를 세우고 그 목표를 이룰 수 있다고 나 자신에게 말해 보라. 그리고 긍정적으로 기대하라.

 이야기해 보기

나만의 진정한 목표는 무엇인지 이야기해 보자.

내가 만드는 행복

내가 이루고자 하는 꿈을 구체적으로 적었던 사람은 그렇지 않은 사람보다 더 행복하다. 오른쪽 그림과 같이 자신의 꿈과 목표를 구체적으로 표현해 보는 '꿈 지도' 그리기 활동을 통해 친구들의 다양한 꿈을 확인하면서 자신만의 꿈도 확인해 보자. 그리고 그 꿈을 위해 내가 노력할 부분을 구체적으로 적고 서로 발표해 보자.

 미래에 최고가 된 내 모습을 상상하며 적어 보자. 그 꿈을 이루어야 하는 이유도 함께 적어 보자.

 꿈 지도의 예

가) 프로 골퍼 김효주의 꿈 지도
한 방송에서 2014년 한국 여자 프로 골프 대상 시상식에 서울 시즌 다승왕과 싱글왕, 최저 타수상을 수상한 19세 천재 골퍼 김효주의 일상이 공개됐다. 여섯 살에 골프와 처음 만난 김효주 선수는 맞벌이 부모님을 대신해 골프와 친구가 됐고 늘 스스로 멘탈을 관리했다.

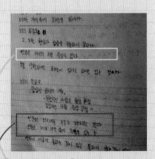

나) 선생님의 꿈 지도

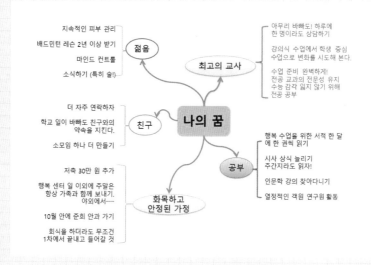

다) 학생의 꿈 지도

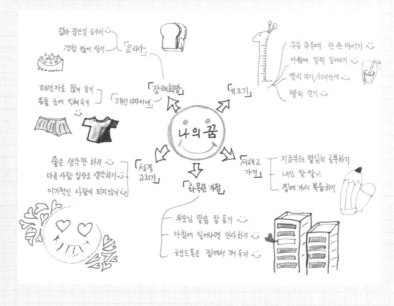

꿈을 이루기 위해 내가 정한 여러 가지 목표를 적고, 그 목표를 이루기 위해 작은 목표를 적어 보자. 그리고 그것을 성취하려고 노력하는 나 자신에게 응원의 메시지와 그 목표를 이룬 나에게 해 줄 축하의 메시지를 미리 적어 보자.

큰 목표	작은 목표	기대에 찬 응원 메시지	목표를 이룬 후 나에게 해 주고 싶은 축하 메시지
예) 건강해지기	하루 30분 운동하기	잘 먹고 운동도 열심히 하면 키도 크고 더 강해질 거야.	네가 하루 30분씩 운동하고 건강해진 것을 축하해.

생각 넓히기

꿈을 찾아 불가능을 가능으로 바꾼 '로켓 소년'의 이야기가 1999년 〈옥토버 스카이〉라는 제목으로 영화화된 적이 있었다. 소년의 이야기를 들어 보자.

"옛날 탄광 마을이 있었죠. 그곳의 사람들은 절반 이상이 탄광 일을 했고 그 때문에 폐병으로 많이 죽기도 했습니다. 꿈도 희망도 없는 마을에서 소련의 첫 인공위성 발사 성공에 대한 뉴스를 듣고 자신도 로켓을 만들고 싶다고 생각한 소년이 있었는데 그가 바로 주인공 '호머'입니다.

이 소년은 로켓을 만들고 싶다는 의지 하나만으로 친구들과 함께 로켓 연구에 몰입했죠. 아버지는 쓸데없는 짓 그만하고 탄광 일이나 하라고 늘 비난하며 꾸짖었고, 친구들도 놀려 댔습니다. 말도 안 되는 일을 한다고 주위 사람들 모두가 비웃을 뿐이었죠. 하지만 이 로켓 소년은 포기하지 않고 계속해서 로켓을 연구했고 결국 시험 발사에 성공합니다. 덕분에 신문에도 나오는 유명 인사가 되었죠.

하지만 산불을 냈다는 누명을 쓰면서 로켓 발사를 중단하는 역경을 맞습니다. 그 후 소년은 학교에 나가지도 못하고 탄광 일을 하게 되었습니다.

그러나 로켓을 포기하기란 쉽지 않았죠. 자신에게 쓰인 누명을 벗겨 내기 위해 필사적으로 틈틈이 공부했고, 꿈을 위해 노력했습니다. 다시 로켓을 만들겠다고 하자, 아버지는 화를 내며 반대했죠. 그러나 포기하지 않고 도전한 이 소년은 자신의 무죄를 입증하고 결국 과학 경진 대회에 대표로 나가서 '1등'이라는 영예를 안게 되었습니다. 그리고 마지막으로 로켓을 발사하던 날, 반대하던 아버지가 찾아와 소년을 인정하게 됩니다. 로켓은 힘차

게 뻗어 나갔으며 마침내 소년은 꿈을 이루었습니다."

그 로켓 소년 호머는 지금 미항공우주국의 엔지니어가 되어 신입들을 훈련시키고 있다.

자, 미래에 대한 목표를 세우자. 최고의 내 모습을 상상해 보고, 그 모습을 그림으로도 그려 보자. 오늘의 목표, 내 삶의 궁극적인 목표가 올바르고 분명한지 날마다 점검하자. 목표는 우리를 행복이라는 목적지로 안내하는 '길'이다.

행복은 스스로 가치 있게 생각하는 목표를 추구하는 과정에서
얻을 수 있다.
_에드 디너(심리학자)

06

음미하기

현재를 충분히 만끽하고 음미하라

들어가기

"오늘 이 시간은 '내 남은 생애의 첫날'이며 '어제 죽어 간 어떤 사람이 그토록 살고 싶어 하던 내일'임을 새롭게 기억하면서 정신이 번쩍 들었습니다. 지상의 여정을 다 마치는 그날까지 이왕이면 행복한 순례자가 되고 싶다고 작정하고 나니 아픈 중에도 금방 삶의 모습이 달라지는 것을 발견했습니다. (중략)

늘 당연하다고 여기던 일들을 기적처럼 놀라워하며 감탄하는 연습을 자주합니다. 그러다 보니 일상의 삶이 매 순간 축제의 장으로 열리는 느낌입니다. 아침에 일어나 신발을 신는 것도, 떠오르는 태양을 다시 보는 것도, 식탁에 앉아 밥을 먹는 것도 얼마나 큰 감동인지 모릅니다."

_ 2009년 12월 4일 〈조선일보〉

이해인 수녀가 한 신문에 기고한 글의 일부이다. 늘 당연하다고 여기던 일들을 기적처럼 놀라워하며 감탄하는 연습! 이것이 이해인 수녀의 행복 비결이었던 것이다. 이해인 수녀의 말처럼 행복은 매 순간 경험하는 일상적인 것들을 만끽하고 음미하며 감탄하는 습관에 의해 결정된다.

생각하기

이야기 1 음미하기란 무엇이며 음미하면 왜 행복해지는지 알아보자.

이해인 수녀의 글처럼 '늘 당연하다고 여기던 일들을 기적처럼 놀라워하며 감탄하는 연습'을 하면 정말로 행복해질까?

이를 확인해 보기 위해 한 연구에서 우울을 경험하고 있는 연구 참여자들에게 하루에 몇 분씩 시간을 내서 평소 같으면 허둥지둥 서둘러서 해치우는 행동들(예를 들면 식사, 샤워, 강의실까지 걷기 등)을 천천히 생각하며 해 보라고 지시했다. 그런 후에 평소처럼 서둘러서 해치웠을 때와의 차이점을 적어 보도록 했다. 그 결과, 늘 하던 일이지만 평소처럼 서둘러서 해치우지 않고 좀 더 음미하도록 노력했을 때 행복감의 증가뿐 아니라 우울한 느낌이 감소되는 것으로 나타났다.

평소에 그냥 지나치던 소소한 것들, 늘 당연하다고 여기던 일들에 관심을 갖는 것, 지금 이 순간에 집중하면서 적극적으로 즐기는 것, 이러한 행동을 심리학에서는 '음미하기'라고 한다. '만끽하기'라고 부르기도 한다.

영어 단어 Savoring(음미하기)의 동사인 savor(음미하다)에는 '맛을 보다'란 뜻도 있다. 현재의 경험을 그냥 무심코 흘려보내지 않기 위해서는 음식의 맛을 충분히 즐기기 위해 급하게 삼키지 않고 맛과 질감, 향기를 천천히 감상하려는 자세와 비슷한 노력이 필요하다. 이런 노력을 통해 현재의 행복을 극대화할 수 있다.

우리는 흔히 미래의 큰 즐거움을 위해서 현재의 작은 즐거움은 희생되어도 좋다고 생각한다. 중요한 일은 언제나 미래에 일어난다고 믿기 때문이다. 그러나 우리의 삶은 '현재'의 집합이다. 물론 눈앞에 보이는 당장의 유혹을 뿌리치고 장기적인 유익을 구하는 것은 옳은 일이지만, 늘 그렇게만 산다면 바쁘게는 살겠지만 행복하지는 못할 것이다.

'지금, 여기'에서 일어나고 있는 일들에 집중하고 즐겨 보자. 오늘의 즐거움을 내일로 미루지 말고, 지금 이 순간을 충분히 만끽하고 음미하려고 노력하는 것이 행복한 사람의 중요한 특징임을 기억하자!

 생각 포인트 평소에 별생각 없이 해치워 버리는 행동들 중에서 당장 음미하기를 실천할 수 있는 것들은 무엇인가?

이야기 2 행복은 '카르페 디엠'의 정신에서 나온다. 그 뜻이 무엇인지 다음의 글을 읽어 보자.

1989년에 만들어진 〈죽은 시인의 사회〉라는 영화는 시간이 한참 지난 지금에도 큰 감동을 준다. 미국의 명문 사립 고등학교에서 명문대 입학만을 위해서 공부에 시달리던 학생들이 괴짜 문학 선생님 키팅(로빈 윌리엄스)을 만나면서 인생에 대해 새롭게 눈을 뜨게 되는 이야기를 담고 있다.

키팅 선생은 수업 시간에 '시의 이해'에 대해 강의를 한다. 그는 교과서 내용을 강의하다 말고, 그 내용이 쓰레기 같은 내용이라며 교과서의 그 부분을 학생들에게 찢어 버리라고 명한다. 그리고 자신의 책상 위로 올라가서 세상을 보는 넓고 다양한 시각을 가질 것을 권한다.

이때 키팅 선생이 학생들에게 한 대사가 미국 영화 역사상 명대사 100개 중 하나로 선정됐다. 바로 "학생들이여, 현재를 즐겨라! 네 인생을 특별하게 만들어라(Carpe diem. Seize the day, boys! Make your life extraordinary)."라는 대사이다. 이 대사로 인해 사람들에게 유명해진 표현이 '카르페 디엠(Carpe diem)'이다. 카르페는 '잡다, 포착하다'라는 뜻이고 디엠은 '하루'란 뜻의 라틴어이다. 미래에 대해서 지나치게 걱정하지 말고 지금 여기, 현재를 즐기고 충실하라는 뜻이다.

헬렌 켈러의 《사흘만 볼 수 있다면》이라는 책에도 카르페 디엠의 가르침이 나온다.

영화 〈죽은 시인의 사회〉의 키팅 선생.
그가 외친 '카르페 디엠'이라는 말은
'현재에 충실하라'는 의미로
행복의 중요한 요소를 이야기하고 있다.

"얼마 전 친한 친구를 만났는데 그 친구는 마침 숲속을 오랫동안 산책하고 돌아온 참이었습니다. 나는 무엇을 보았느냐고 물었습니다.

'별거 없어.'

내가 그런 대답에 익숙해지지 않았더라면 절대 그럴 리가 없다고 생각했겠지만, 나는 이미 오래전부터 눈이 멀쩡한 사람들도 실제로는 보는 게 별로 없다는 사실을 잘 알고 있습니다. 어떻게 한 시간 동안이나 숲을 거닐면서도 눈에 띄는 것을 하나도 보지 못할 수가 있을까요? (중략)

내가 만약 대학 총장이라면 '눈을 사용하는 법'이란 강의를 필수 과정으로 개설했을 것입니다. 사람들이 아무 생각 없이 지나치는 것들을 진정으로 볼 수 있다면 삶이 얼마나 즐거울지를 알게 해 주는 강의가 되겠지요."

우리가 경계해야 할 마음의 자세는 "별거 없어."이다. 헬렌 켈러가 소망했듯이 볼 수 있는 시간이 사흘만 존재한다고 가정하고 주변을 둘러보자. 혹은 이제 내일이면 돌아가야 할 여행지에서의 마지막 날이라고 생각해 보자. 순간순간의 경이로운 모습에서 눈을 떼지 못할 것이다.

 생각 포인트 매 순간 충실한 삶을 살아가는 사람들이 있다. 나에게 단 하루의 시간이 주어진다면 어떻게 보낼까?

함께 생각하기

우리가 음미하고 만끽하기를 잘하는
지, 못하는지는 좋은 일이 생겼을 때 우리가 어떻게 행동하는지를 보면 알
수 있다. 좋은 일이 생겼을 때, 다른 사람들에게 알려서 축하를 받고 함께
기뻐하거나 스스로에게 잘했다고 칭찬하면서 스스로에게 상을 주는 행동
은 음미하기를 잘하는 경우이다. 반면에 좋은 일이 생겼지만 별로 대수롭지
않게 여기고 금세 다른 일을 시작하거나 주변 사람에게 알리지 않고 혼자서
간직하는 경우, 좋은 일이 생겼다는 것은 다시 안 좋은 일이 생길 것이라는
징조라면서 걱정을 하는 경우는 음미하기를 잘하지 못하는 경우이다.

한 연구에서 사람들에게 하루 중 자신에게 일어난 좋은 일을 적게 한 후
에 그 일이 발생하고 나서, 무슨 행동을 취했는지를 자세히 적게 했다. 사
람들이 적어 낸 행동들을 면밀하게 분석해서 음미하기를 많이 한 사람들과
별로 하지 않은 사람들을 구분해 그들의 행복도를 조사했다. 그 결과, 좋은
일이 생겼을 때 적극적으로 알려서 축하 받고 즐거운 감정을 최대한 즐기
고 표현하려고 했던 사람들이 좋은 일이 생겼지만 그 일을 드러내려고 하
지 않았던 사람들보다 더 행복한 것으로 나타났다.

이 연구에서 흥미로운 점은 '축하하기'의 중요성이다. 자신에게 좋은 일이 생기면 숨기지 말고 주변 사람들에게 알려서 함께 기뻐하고 축하를 받도록 해야 한다.

누군가에게 좋은 일이 생기면 그 사람을 마음껏 축하해 주어라. '함께 축하하기'는 음미의 즐거움을 배가시켜 준다.

자신의 감정을 숨기는 것은 행복에 좋지 않다. 좋은 일이 생기면 마음껏 즐기고 주변 사람들에게 알려서 축하 받도록 하자!

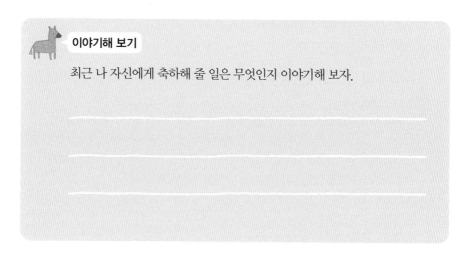

이야기해 보기

최근 나 자신에게 축하해 줄 일은 무엇인지 이야기해 보자.

내가 만드는 행복

음미하기를 실천하기 위해서는 우리의 경험을 기록하는 연습이 필요하다. 내가 경험한 것들을 흘려보내지 않고 집중해서 음미하기 위해서는 '음미 공책'을 만들어 보는 것이 도움이 된다. 또한 주의를 산만하게 하는 자극을 줄이는 것도 필요하다.

음미 공책 만들기

줄이 그려지지 않은 빈 공책 하나를 장만한다. 표지에는 '나의 음미 공책'이라고 쓴다. 매일 즐거운 경험을 하게 되면 충분히 음미하고 그 일을 적는다. 좋아하는 음식 때문에 즐거웠다면 사진을 찍어서 프린트 한 후에 공책에 붙인다. 폭소를 자아냈던 유머를 신문에서 봤다면 스크랩한다. 창의적인 방법으로 매일매일 나만의 음미 공책을 만들어 보자.

TV 끄고 식사하기

집에서 식구들끼리 식사할 때 TV를 켜 놓는가? 같이 먹자고 엄마 아빠가 제안해도 굳이 TV 앞으로 밥을 가져가서 혼자 먹지는 않는가? TV를 켜 놓으면 음식의 맛과 냄새, 가족 간의 대화를 음미하는 데 방해가 된다. 이제 식사 시간에는 TV를 꺼 보자. 엄마 아빠가 TV를 켜도 식사 시간에는 TV를 끄자고 제안해 보자.

학교 지도 완성하기

날씨가 좋은 날 교실 밖으로 나가 학교 구석구석을 둘러보면서 사진을 찍으며 음미하기 활동을 해 볼 수 있다. 학교 구석구석을 다니면서 학교 지도도 만들어 보자.

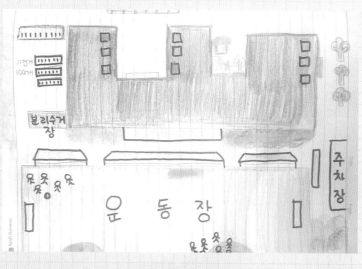

생각 넓히기

풀꽃

나태주(시인)

자세히 보아야 예쁘다

오래 보아야 사랑스럽다

너도 그렇다

너무 분주하기 때문에 미처 보지 못하는 '풀꽃'들이 우리 인생에는 참 많다. 조금만 찬찬히 들여다보자.

비록 공부에 매달리느라 늘 시간에 쫓기지만 우리가 더 즐거워지기 위해 할 수 있는 일은 얼마든지 있다.

좋은 풍경을 만나면 사람들은 흔히 카메라를 꺼내 사진을 찍는다. 우리 마음속에도 카메라가 필요하다. 즐거움을 경험하면 그냥 지나치지 말고 마음속 카메라를 누르자. 충분히 음미하고 즐기자.

행복은 지금 일어나고 있는 일들을 만끽하고 음미하기에서 출발한다.

아침 식사를 급하게 대충 하려고 하지 말고, 밥과 반찬의 맛을 음미하려고 해 보자. 재료의 맛과 냄새를 흠뻑 빨아들여 보자. 친구의 재미있는 농담에 좀 더 귀 기울여 보고, 하굣길에는 길을 잠시 멈추고 석양을 바라보자. 잘 익은 딸기의 달콤함도 느껴 보자. 비가 오는 날에는 '집에 있기 정말 좋은 날'이라고 생각하며 집 안 생활의 즐거움을 만끽해 보고, 날씨가 좋으면 '산책하기 정말 좋은 날'이라고 생각하며 주위를 산책해 보자.

현재의 작은 일들에서 즐거움을 발견하는 능력은 평생을 살아가는 귀한 습관이 될 것이다.

07

몰입하기

집중할 수 있는
마음이 행복하다

들어가기

네덜란드에서 일어난 실제 사례이다. 정신 분열증을 앓고 있는 한 여자가 있었다. 10년이 넘게 입원해 있던 여자는 늘 머리 모양도 산만했고 정서적으로도 매우 무감각한 상태였다. 그런데 이 여인은 손톱을 다듬을 때만큼은 만족해했다. 이를 본 의료진은 그녀에게 손톱 다듬기 전문 교육을 받게 하고는, 병원의 모든 환자들의 손톱을 다듬게 했다. 그러자 여자는 증세가 완치되어 나중에는 손톱 관리 전문점을 개업하기에까지 이르렀다.

이 여자의 성공 비결은 무엇이었을까? 그것은 바로 자신이 가장 좋아하는 일을 찾아서 그 일에 몰입하는 것이었다.

행복은 어떤 일에 완전히 몰입하는 경험에서 찾아온다. 그것은 요리를 만들 때일 수도 있고, 역사를 공부할 때일 수도 있고, 다른 사람의 고민거리를 들어줄 때일 수도 있으며, 산에 오르는 순간일 수도 있다.

자신이 몰입할 수 있는 상태에 도달할 일을 찾고, 그 상태를 자주 경험해 보는 것이 바로 행복의 비결이다.

생각하기

이야기 1 다음 이야기를 읽으며 몰입의 정의와 몰입과 행복의 관계에 대해 생각해 보자.

한 가지 일에 완전히 몰두하여 자기에 대한 의식조차 사라지고 시간과 공간에 대한 의식이 없어지는 상태를 '몰입(flow)'이라고 부른다. 마치 우리의 몸과 마음이 물 흐르듯 움직이기 때문에 '플로우 *Flow*'라는 이름을 붙인 것이다. 몰입 개념을 만들어 낸 미하이 칙센트미하이라는 심리학자에 따르면 몰입은 '분명한 목표와 규칙'이 있는 활동을 할 때 경험하기 쉽다고 한다.

예를 들어, 악기를 연주하는 것에는 분명한 목표와 규칙이 존재한다. 테니스 경기도 마찬가지이다. 몰입을 경험하기 위해서는 그 일을 해낼 수 있는 실력이 필요하고, 그 일이 적정한 수준의 난이도를 가지고 있어야 한다.

수동적인 여가(예를 들면, TV시청, 그냥 쉬기, 낮잠 자기 등)는 좀처럼 몰입 경험을 가져다주지 않는다. 왜냐하면 그런 일에는 뚜렷한 목표나 절차가 존재하지 않고, 적절한 수준의 실력이나 난이도가 필요하지 않기 때문이다. TV를 보는 데 따로 실력이 필요할까?

반면에 능동적인 여가(예를 들면, 운동을 하거나 악기나 미술을 배우거나, 가까운 산에 오르는 일 등)는 몰입 경험을 가져다줄 수 있다.

TV 시청이 지나치면 오히려 무기력해지거나 더 피곤해진다. 실제 연구에서도 학생들이 주말이나 공부를 하지 않을 때 오히려 두통을 비롯한 신체적 불편이 증가한다고 한다. 따라서 수동적인 여가 시간을 줄이고

수동적 여가   능동적 여가

능동적인 여가 시간을 늘리는 것이 좋다.

몰입의 또 다른 정의는 '딴 생각을 하지 않는 것'이다. 사람들은 하루의 약 47퍼센트를 딴 생각을 하며 보낸다고 한다. 사랑하는 가족과 밥을 먹을 때에도, 중요한 시험공부를 하거나 수업을 듣는 중에도 종종 딴 생각을 한다.

한 연구에서 사람들에게 다음과 같이 물었다.

1. 지금 얼마나 행복합니까?
2. 지금 무엇을 하고 있습니까?
3. 지금 하고 있는 일과 상관없는 딴 생각을 하고 있습니까?

사람들의 응답을 분석한 결과, 사람들은 현재 무엇을 하고 있든지 상관없이, 딴 생각을 하고 있을 때보다는 딴 생각을 하고 있지 않을 때 행복감을 더 크게 경험하고 있었다.

지금 하고 있는 일에 몰입하고 있을 때 가장 행복하다는 사실은 몰입이 행복의 중요한 비결이라는 것을 가르쳐 준다.

 생각 포인트 어떤 활동이 몰입 경험을 주기 위해서는 두 가지 특성을 갖추고 있어야 한다. 그것은 무엇일까?

이야기 2 다음 이야기를 읽으며 몰입하는 사람의 특징을 생각해 보자.

어려서부터 첼로 신동으로 주목받던 첼리스트 장한나 씨는 연주할 때 몰입하는 표정이 인상적이다. 그녀가 연주할 때는 신경 하나하나를 첼로에 연결시키는 듯한 표정이 된다. 어려서는 친구들이 놀리기도 했을 법한데 어떻게 그런 표정으로 집중할 수 있었을까? 그녀가 이야기하는 것을 들어 보면 그녀는 연주할 때 다른 사람의 시선을 신경 쓰지 않고 오로지 음악에만 푹 빠져 있으며, 음악으로 사람들과 함께하는 것을 진정으로 사랑한다는 것을 느낄 수 있다. 이런 장한나 씨는 한 TV 프로그램에 나와 이런 이야기를 했다.

> **66** 연주를 하면 표정에 신경을 쓸, 생각할 여유가 없어요. 무대에 서면 가장 중요한 것이 '자신을 잊어버리는 것'이죠. '나'라는 존재를 잊어야 좋은 연주가 가능해요. 음악에만 집중을 하는 것이지요. 연주할 때 제 손이 뭘 하는지도 몰라요. 알고 싶지도 않고. 연주에서 손을 생각하는 순간 음악과 하나가 되는 끈을 놓쳐요. 수많은 청중 앞에서 계속 떠올리는 것은 제 자신이 음악이 나오는 통로라는 것이지요. **99**

_ MBC 황금어장 무릎팍 도사(2009년 9월 9일) 중

최범석 씨는 한국인 최초로 파리 쁘랭땅 백화점에 본인의 브랜드를 입점해 화제가 된 패션 디자이너이다. 디자인 전공자가 아닌 그는 동대문

에서 가게를 운영하며 10년 동안 시행착오를 겪었으나 포기하지 않았다. 그는 자신에 대해 이렇게 표현한다.

66 학력 콤플렉스요? 없어요. 대학을 다니지 않았기에 더 과감하게 도전할 수 있었죠. 저는 낙서하면서 생각에 몰입하고는 해요. 키워드를 적어 놓고 연상되는 단어와 이미지를 그려 나가요. 생각할수록 시간과 공간을 잊은 듯 몰입의 세계로 빨려 들어가요. 99

_ 〈TOP Class〉(2009년 9월호) 중

    첼리스트 장한나, 디자이너 최범석 모두 자신의 일에 온전히 몰입했다. 그들이 몰입한 대상은 달랐지만, 두 사람은 자신이 일하는 순간에는 오직 거기에만 몰입했다. 장한나 첼리스트는 무대 위에 선 자신을 향한 수많은 시선들을 잊었고, 심지어 자신의 찡그린 표정도 잊었다. 최범석 디자이너는 자신의 학력에 대한 콤플렉스와 주변 사람들의 시선을 잊었다. 그렇게 두 사람은 자신이 원하는 일에 완전히 몰입하며 행복을 체험하고 있다.

    심리학자 칙센트미하이는 몰입하게 되면 재미를 느낄 뿐 아니라 돈, 권력, 명예 등의 외적인 조건을 잊고 온전히 '행복한 것', '스스로 만족스러운 작품을 만드는 것' 등의 내적인 목적과 가치에 집중하게 된다고 말한다.

    몰입하는 사람들은 콤플렉스를 잘 극복한다. 몰입이 우리의 자긍심을 높여 주기 때문이다. 몰입하는 사람은 생각과 행동에 자신감이 있고 쉽게 흔들리지 않는다. 따라서 자주 몰입을 경험하는 10대가 더 행복한 청소년기를 보내고 재능을 더 많이 개발한다.

최범석 디자이너나 장한나 첼리스트가 외적 조건에 위축되지 않고 자신의 일에서 최대한의 능력을 발휘할 수 있었던 이유는 몰입으로 인해 강한 자긍심과 의지가 자라났기 때문이다.

몰입이란 행복을 가져다주는 '초능력'이다.

 생각 포인트 다른 것들을 잊어버릴 만큼 몰입했던 순간이 있었다면 언제, 어떤 경우였는가?

함께 생각하기

몰입이 중요한 이유를 알기 위해서는 몰입 경험의 특성 자체를 좀 더 자세히 이해할 필요가 있다.

몰입이라는 개념을 만들어 낸 몰입 연구의 대가 칙센트미하이의 연구에 따르면, 몰입하게 될 경우 '현재의 일에만 더 집중'하게 된다고 한다. 우리를 괴롭히는 것은 과거에 일어난 일에 대한 후회, 미래에 대한 불안과 염려 등 끊임없이 떠오르는 잡생각들이다. 그런데 몰입하게 되면 우리의 관심은 온통 현재, 하고 있는 일에만 집중된다. 따라서 딴 생각을 할 여유가 없어지는 것이다. 한 연구에 참여했던 무용수의 말에서 이 점을 확인할 수 있다.

"무용은 나에게 치료 과정과도 같습니다. 내게 어떤 문제가 있다고 할 때, 연습장에 들어가는 순간 그 문제들은 다 문밖에 떨구어 버리게 되지요."

몰입 경험의 또 다른 특징은 '시간의 왜곡 현상'이다. 몇 시간이 흘렀는데도 단 몇 분밖에 흐르지 않은 것으로 경험한다. 시간 가는 줄도 모르고 책을 읽다가 나중에 새벽임을 알고 깜짝 놀랐던 경험이 있을 것이다. 이처럼 몰입하게 되면 시간에 대한 생각이 무뎌진다.

시간 압박이 있으면 우리는 즐거움을 경험하지 못한다. 주어진 시간 안에 빠르게 먹어야 하는 식사를 생각해 보라. 시계를 수시로 들여다보느라 먹는 즐거움을 느끼지 못한다. 영화가 끝나자마자 학원으로 달려가야 하는 상황을 생각해 보자. 영화 보는 내내 마음이 편치 않을 것이다. 시간의 흐름에 대한 생각이 없이 무언가에 몰입한다는 것은 그래서 좋은 것이다.

몰입 경험의 가장 중요한 특징은 자의식이 없어진다는 것이다. 우리는 늘 '내 얼굴에 뭐가 묻었나?' '내가 제대로 옷을 입었나?' '내 머리를 보고 친구들은 뭐라고 생각할까?'와 같은 생각들로 에너지를 허비한다. 스스로가 자신을 지나치게 의식하고 있기 때문에 마음이 긴장되어 있고 불편하다. 그런데 몰입 상태에 들어가면 우리는 더 이상 우리 자신을 신경 쓰지 않게 된다. 한 마디로 우리가 우리 자신으로부터 해방된다!

행복은 자신에 대한 과도한 관심에서 벗어나는 것, 쓸데없는 딴 생각을 떨쳐 버리는 것, 그리고 오로지 지금 이 순간에 집중하는 것이다. 그래서 행복의 또 다른 이름은 '몰입'이다.

 이야기해 보기

나만의 몰입하기 방법은 무엇인지 이야기해 보자.

내가 만드는 행복

몰입을 위해서는 마음 먹기만으로는 불충분하다. 주변 환경이 몰입하기에 적합해야 한다. 우선, 소음을 줄이자. 주의를 집중하기 위해서는 휴대 전화기나 음악을 잠시 꺼야 한다. TV도 끄는 게 좋다. 그다음에는 가장 편안한 상태에서 일할 수 있도록 주변을 정리하자. 거추장스러운 물건들을 버리고 자신의 방과 책상을 가장 안락하고 편안하게 만들어 보자.

먼저 아래의 표에 자신의 환경을 얼마나 잘 관리하고 있는지 점검해 보자.

	○	X
1. 내 방은 항상 깨끗이 정돈되어 있다.		
2. 나는 집중하기 위해 TV나 라디오를 끄는 편이다.		
3. 나는 되도록 한 번에 두 가지 일은 하지 않는다.		
4. 나는 잡념이 들어도 뿌리치려고 노력한다.		
5. 집중에 방해가 되는 물건들은 미리 치워 놓는다.		

내 주변에서 몰입을 위해서 당장 변화시켜야 할 목록 세 개를 써 보고 무엇을 썼는지 친구들과 이야기해 보자. 다음 예시에 있는 것을 다시 써도 좋다.

 예

1) 공부, 악기 연습, 그림 그리기 등을 시작하기 전에 휴대 전화기를 무음 모드로 만드는 습관을 들인다.

2) 몰입하려고 할 때 ("콘서트 티켓 예매가 잘 될까?")라는 생각이 든다면, ("김수야, 그만 생각하자.")고 작게 말하고 다시 집중한다.

3) ("친구들이 나를 싫어하면 어떡하지?")가 걱정되어 몰입할 수 없다면 그 걱정하는 시간을 하루 20분만 정해 둔다. 이외 시간에는 생각하지 않는다.

1.

2.

3.

 위의 세 가지 중에서 제일 먼저 실천해 볼 것은 무엇인가? 이번 일주일 동안은 세가지 중에 한 가지만 실천하자. 분명히 그다음 주에는 다른 것도 실천할 여유가 생길 것이다!

• 이번 주 나와의 약속:

생각 넓히기

　　그림책에 빠진 아기, 흠뻑 땀 흘리며 자신의 모든 것을 쏟아붓는 사물놀이 패, 몇 시간째 짚신 만들기에 전념하는 할아버지의 모습 속에 행복으로 가는 열쇠가 들어 있다.

　　하지만 몰입과 중독은 다르다. 사람들은 몰입함으로써 즐거운 마음으로 어려운 일에 도전하지만 중독되면 늘 하던 일만 반복하며 변화를 무서 위한다. 사람들은 몰입함으로써 '어떤 것을 간절히 하고 싶은 마음'으로 살 수 있지만, 중독되면 '어떤 것을 하지 않으면 불안해 견딜 수 없는 마음'으로 산다. 사람들은 몰입함으로써 삶의 의미를 찾고 더 많은 의미를 만들어 가지만, 중독되면 삶의 의미를 잃고 한 가지 일만을 생각한다. 사람들은 몰입함으로써 다른 사람에게 감동과 영감을 줄 수 있지만, 중독되면 다른 사람과 소통하지 못한다. 사람들은 몰입함으로써 행복한 생활을 만들어 가지만, 중독되면 불행으로 달음박질한다. 중독과 몰입은 비슷해 보이지만 향하는 방향은 정반대이다.

가장 행복한 순간은 내 인생의 주인은 나라는 사실을 깨닫고 나를 위한 꿈에 몰입하는 순간임을 잊지 말자.

08

관계를 돈독하게 하기

행복은 '사이'에 있다

들어가기

미국 하버드대학교는 1938년부터 75년간 남성 724명의 인생을 추적했다. 연구 대상은 그 당시 하버드대학교 재학생과 보스턴 지역의 빈민촌에서 태어난 소년들이었다. 그들은 성장하면서 공장 인부, 변호사, 벽돌공, 의사가 되었고 그들 중 한 명은 대통령이 되었다. 연구진은 해마다 그들의 직업, 가정생활, 건강 상태를 조사했다. 직접 찾아가서 그들의 가족과도 이야기를 나눴다. 연구진은 그들의 인생에 대한 방대한 자료를 얻었고 그로부터 행복에 대한 중요한 교훈을 얻을 수 있었다. 그것은 부나 명예, 혹은 성공을 위해 매진하는 노력보다 '좋은 관계'가 우리를 건강하고 행복하게 만든다는 것이다. 가족, 친구를 비롯하여 사람들과 좋은 관계를 유지할수록 더 행복하고 더 건강하고 더 오래 살았다. 이 연구는 사람들의 관계가 행복에 매우 중요하다는 점을 보여 준다.

　내 인생이 얼마나 행복할 것인지는 내가 얼마나 좋은 관계를 맺고 있느냐에 의해 좌우된다. 주위를 한번 둘러보자. 가족, 친구, 선생님, 아침 등굣길에 만나는 가게 아주머니와 옆집 강아지까지……. 여러분이 찾던 행복은 이들과의 관계 속에 보석처럼 박혀 있다. 행복은 '사이'에 있다.

생각하기

이야기 1 관계가 우리의 삶에 있어 어떤 의미인지, 그리고 좋은 관계란 무엇인지 생각해 보자.

> 행복 연구의 대가이자 하버드대학교 의과대학 교수인 베일런트 박사는 75년간 진행된 하버드 그랜트 연구에 대해 이렇게 결론을 내렸다.
>
> "인생에서 가장 중요한 것은 바로 다른 사람들과의 관계이다. 행복하고 건강하게 나이 들어갈지를 결정짓는 것은 지적인 뛰어남이나 경제적 계층이 아니라 인간관계다."
>
> 따뜻한 배려, 교류, 그리고 정서적인 지지가 존재하는 인간관계는 우리의 인생을 풍요롭게 만들 뿐만 아니라 우리로 하여금 건강하고 오래 살 수 있게 만들어 주는 묘약이다.
>
> 그렇다면 사람들과 좋은 관계를 유지하기 위해서는 어떻게 해야 할까? 호주의 심리학자 티모시는 'SUPPORT(지지)'라는 단어를 이용해 좋은 관계를 형성하기 위한 방법으로 다음의 일곱 가지를 제안했다.

S = Strengths	장점 찾기
U = Unconditional love	조건 없는 사랑
P = Praise	칭찬하기
P = Positivity	긍정적 생각
O = Openness	열린 마음
R = Respect	존중하기
T = Trust	신뢰하기

그는 좋은 관계를 형성하기 위해서는 다른 사람의 장점을 보려고 노력하고, 사랑에 조건을 달지 않으며 칭찬을 아끼지 말아야 한다고 했다. 또한 긍정적인 생각과 열린 마음을 가지고 타인에 대한 존중과 신뢰를 바탕으로 인간관계를 유지해야 한다고 강조했다.

관계는 위에서 아래로 흐르는 물이 아니라 주고받는 탁구공과 같다. 좋은 사람을 통해 내가 행복해지는 것도 사실이지만, 내가 먼저 좋은 친구가 되어야 좋은 관계가 만들어진다는 뜻이다. 좋은 친구가 없다고 불평하기보다 내가 먼저 좋은 친구가 되어 주려고 노력해야 한다.

 생각 포인트　좋은 관계를 형성하는 데 필요한 일곱 가지 요소들 중에서 내가 가장 잘하는 요소와 가장 못하는 요소는 무엇인가?

이야기 **2** 관계가 주는 힘은 상상을 초월한다. 아래의 '생명을 살린 기적의 포옹'이라는 글을 읽어 보자.

1995년 10월, 미국 매사추세츠주 한 병원에서 카이리와 브리엘이라는 이름의 어여쁜 쌍둥이 여자 아기들이 태어났다. 하지만 불행히도 두 아이 모두 1킬로그램에 불과한 조산아였다. 그나마 언니 카이리는 인큐베이터에서 건강을 회복해 갔지만, 동생 브리엘의 생명은 점점 위태로워졌다. 브리엘의 얼굴은 새파랗게 질려 있었고, 맥박, 혈압, 호흡 등 생명 유지에 필요한 모든 수치들이 급격히 악화되었다. 의료진의 노력에도 불구하고 살아날 희망은 희박해 보였다.

그 순간 한 간호사가 예전에 읽었던 한 치료 사례를 떠올리며 주위의 만류에도 불구하고 다른 인큐베이터에 있던 언니 카이리를 동생 브리엘의 인큐베이터에 함께 넣었다. 그때, 카이리는 거의 죽어 가는 동생의 어깨에 조그만 손을 살짝 올리는 것이었다. 그리고 몇 분 뒤 기적이 일어났

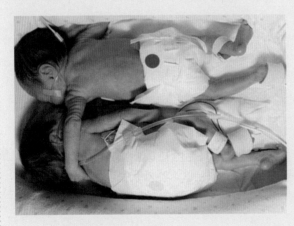

언니 카이리가 동생 브리엘의 어깨에 손을 올리자 죽음을 향해 가던 동생은 기적같이 살아나게 되었다.

다. 언니의 손길이 닿고 얼마 지나지 않아, 동생 브리엘은 빠른 속도로 안정을 찾아갔다. 맥박 등 각종 수치들이 급속히 정상을 향해 움직이기 시작했고, 정말 기적처럼 브리엘은 살아났다.

이 둘 사이에 무슨 일이 있었던 것일까? 언니가 손끝으로 동생에게 건네준 것은 도대체 무엇이었을까? 최첨단 의료 기기를 동원한 의료진들의 그 어떤 치료보다 언니의 작은 어깨동무 하나가 동생에게 기적 같은 생명을 불어넣어 준 것이다.

이 이야기는 사람에 대한 진정한 마음과 사랑이 얼마나 위대한 것인가를 다시 한번 보여 주는 실제 사례가 되어 전 세계 사람들에게 감동을 전해 주었다.

_ SBS '스페셜 포옹'(2006년 12월 17일) 중

 생각 포인트　진심 어린 '터치Touch'는 치유의 효과가 있다. 위로를 필요로 하는 가족과 친구의 손을 따뜻하게 잡아 주거나 등을 어루만져 주는 것 외에, 또 어떤 방법이 있을까?

함께 생각하기

　　인간관계는 우리의 건강이나 행복에 어떤 영향을 주는 것일까? 미국의 스탠포드대학교에서는 인간관계와 수명이 어떤 관련이 있는지를 알아보는 연구를 실시했다.

　유방암, 백혈병 그리고 심장마비를 앓는 환자들을 두 그룹으로 나누어서 한 그룹은 일상적인 의학 치료를 받게 했고, 다른 그룹은 의학적 치료에 추가하여 다른 환자들과 일주일에 한 번씩 만남의 시간을 가지게 했다. 이러한 만남을 통해 그들은 의견을 교환하고 서로에게 힘이 되어 주었다. 그 결과, 만남의 시간을 가졌던 그룹의 환자들은 그렇지 않은 그룹의 환자들에 비해 통증을 느끼는 횟수도 줄었고, 평균 두 배 이상 오래 산 것으로 밝혀졌다.

　좋은 관계는 실제로 신체의 변화를 가져온다. 사람들이 사랑을 하게 되면 우리 뇌에서는 '도파민'이라는 신경 전달 물질의 수치가 높아지게 된다. 이 물질로 인해 행복감이 증대되고 집중력도 향상되며 사람들은 강한 동기 부여를 경험하게 된다.

　원숭이들을 대상으로 한 실험에서도 우정을 나누는 친구가 많고 그 우정이 더 오래 지속되는 원숭이들에게는 스트레스를 일으키는 호르몬인 코르티솔의 수치가 낮아지는 것을 발견했다. 이 호르몬은 우리 신체의 면역 체계를 망가뜨려서 기분을 조절하지 못하게 할 뿐만 아니라, 신체의 건강도 해치는 것으로 알려져 있다. 이러한 결과는 동물들에게도 좋은 사회적 관계가 심리적으로 뿐만 아니라 신체적으로도 건강한 생활을 하는 데 원동력이 된다는 것을 보여 준다.

흥미로운 점은 행복이 인간관계를 통해 전염된다는 사실이다. 미국 하버드대학교의 크리스태키스와 파울러의 연구에 따르면 내가 행복하면 내 친구가 행복해질 가능성이 15퍼센트 증가한다고 한다. 더 놀라운 점은 내가 행복하면 내 친구의 친구가 행복할 가능성도 10퍼센트 증가한다는 것이다. 다시 말해, 행복은 관계를 통해 서로에게 전염된다.

우리의 행복은 결코 멀리 있는 것이 아니다. 우리가 만나는 소중한 사람들이 바로 나의 행복의 근원임을 기억해야 한다.

 이야기해 보기

나에게 힘이 되었던 다른 사람의 말 한마디가 있다면 친구들과 함께 나누어 보자.

내가 만드는 행복

내 주위의 사람들로 인해 내가 행복해질 수 있다면, 나로 인해 내 주위의 사람들도 행복해질 수 있지 않을까? 앞서 우리는 내가 다른 사람들로부터 받은 따뜻하고 행복한 느낌을 이야기해 보았다. 그렇다면 이번에는 내가 내 주위의 소중한 사람들에게 그 행복을 나누어 주는 일을 해 보는 것은 어떨까?

마음껏 축하해 주기

이번 주에 생일을 맞은 가족이나 친구가 있는지 찾아보자. 없다면 축하해 줄 만한 일을 경험한 사람을 찾아보자. 아주 작은 일도 상관없다. 시험 성적이 조금 올랐거나, 다이어트에 성공했거나, 선생님께 칭찬을 들었거나, 아무리 작은 일이라도 좋다. 그 사람에게 지나치다 싶을 정도의 축하를 해 주어라. 이왕이면 다른 사람들과 함께 축하해 주면 더욱 좋다. 즐거운 일을 함께 축하할 때 관계가 훨씬 좋아진다.

생각 넓히기

　　세계 최고 지능 지수(IQ) 210의 보유자로 기네스북에 올랐던 김웅용은 다섯 살 때 이미 4개 국어를 구사했고 여섯 살 때 미적분을 풀었으며 아홉 살 때는 미국 콜로라도주립대학교 대학원 과정에 입학했다. 그리고 4년 뒤 박사 학위를 받고 미국항공우주국의 선임 연구원이 되었다. 정말 소설에서나 볼 수 있는 천재 소년이었던 것이다. 하지만 열일곱 살이 되는 해에 모든 미국 생활을 접고 아무에게도 알리지 않은 채 귀국했다. 그 이유에 대해 그는 이렇게 대답했다.

　　"내가 행복해지기 위해서다. 난 미국에 가서도 꽤 잘한다는 소리는 들었다. 하지만 내가 뭘 잘하고 있는지 몰랐다. 주어지는 과제와 수학 문제를 기계처럼 풀기만 했던 것이다. 한 연구를 위해 20개 이상 연구실이 함께 작업을 했지만 정작 옆방에서 뭘 하는지는 알 수가 없었다. 어린 나이에 힘들다는 내 하소연을 들어 줄 사람이 없었다는 것이야말로 가장 큰 문제였는지도 모른다."

_ 2011년 4월 14일 〈서울신문〉

　　그는 귀국 3년 후, 지방의 한 국립대에 입학해 토목 공학 박사 학위를 받았고 현재는 회사에 취직해 평범한 삶을 살고 있다. 그는 아이들과 축구를 할 때나 퇴근 후 사람들과 즐거운 시간을 보낼 때가 가장 행복하다고 한다.

영화 〈캐스트 어웨이〉의 주인공은 배가 난파하여 무인도에서 4년을 지내게 된다. 그가 무인도에 있으면서 가장 애착을 가졌던 것은 우연히 떠내려온 배구공이었다. 그는 그 공에다 '윌슨'이라는 이름을 붙이고 그와 대화를 나누며 친구처럼 지냈다. 아마도 주인공은 윌슨이 없었다면 무인도 생활을 견뎌 내지 못했을 것이다. 사람은 무인도에서조차 '관계'를 맺고 살아가지 않으면 안 된다는 점을 알 수 있다.

'관계', 그것은 내가 이 세상에 존재한다는 것을 알려 주는 것이며, 그것으로부터 우리의 모든 행복이 시작되는 것임에 틀림없다.

09

나누고
베풀기

내가 행복해지는
가장 좋은 길은 남을
행복하게 하는 것이다

들어가기

영화 〈패치 아담스〉에서 아담스는 불행한 가정 환경을 비관하다 스스로 정신 병원에 입원한다. 그러나 그는 환자들 사이에서 서로의 문제에 귀 기울여 들어주는 것의 중요함을 배우며 생활하다가, '주는 것'이 행복의 비결임을 깨닫는다. 그 후 아담스는 정신 병원을 나와 광대코를 달고 어린 암환자를 웃기고, 천사 날개를 달고 나타나 환자들에게 유쾌하게 말을 건네는 의학도가 된다.

이 이야기는 실화이며 이것을 바탕으로 한 영화 〈패치 아담스〉가 제작되었다. 영화 속 주인공 패치 아담스는 실존 인물 '헌터 아담스'로, 실제로 헌터는 훗날 의사가 되어 1만 5000명 이상의 환자를 무료로 치료해 주고 의료 봉사 기관을 세웠다.

앞 장에서 감사, 관계와 같은 행복의 비결들을 배웠다. 내가 누리는 것에 감사하면 남에게 주는 것이 자연스러울 수밖에 없다. 행복은 관계에서 오는데, 특히 받을 때보다 줄 때 온다. 주는 것은 행복의 다른 이름이다. 그래서 "지금 행복합니까?"라는 말은 "오늘 누군가에게 베풀었습니까?"라는 말과 같다.

생각하기

이야기 1 주는 것과 행복은 어떤 관계가 있을지 생각해 보자.

자기 자신을 위해서 돈을 쓰는 것과 남을 위해서 돈을 쓰는 것 중 우리를 더 행복하게 하는 것은 무엇일까? 이를 알아보기 위한 한 연구에서 630명의 연구 참가자에게 두 가지 질문이 주어졌다.

1. 얼마나 행복합니까?
2. 1년 수입이 얼마입니까?

그리고 연구자들은 이들의 한 달 가계부와 영수증을 모았다. 연구자들이 궁금했던 것은 무엇이었을까?

연구자들은 참가자의 가계부와 영수증을 통해 한 달 동안의 지출 내역을 다음의 두 가지로 나누어 다시 정리했다.

1. 자기를 위해서 지출한 금액
2. 남을 위해서 지출한 금액

630명의 사람들은 자기를 위해서 주로 물건을 구매했고, 남을 위해서는 선물 또는 기부를 했다. 분석해 보니 사람들은 자기를 위해서 사용한 돈의 1/10 미만을 남을 위해서 사용하고 있었다.

그러나 이 연구를 진행한 심리학자들의 연구를 조금 더 들여다보면 '주는 것'과 '행복'의 관계에 대한 중요한 힌트를 발견할 수 있다.

심리학자들은 '자기를 위해서 지출한 금액과 남을 위해서 지출한 금액 중 어떤 것이 행복과 더 관계가 있었을까?'에 관심이 있었다. 이를 알아보기 위해 연구 참가자들을 두 그룹으로 나누어 보았다.

1. 평균보다 다른 사람을 위해서 지출을 많이 한 그룹
2. 평균보다 다른 사람을 위해서 지출을 적게 한 그룹

이 두 그룹 중 어떤 그룹이 더 행복했을까? 평균보다 다른 사람을 위해서 지출을 많이 한 1번 그룹이 2번 그룹보다 더 행복했다. 놀라운 것은 연 수입의 크기와 상관없이 열심히 주는 사람이 더 행복했다는 것이다. 반면에 자기를 위해서 사용한 금액은 행복과 관계가 없었다.

이 연구를 진행했던 심리학자는 이렇게 말한다.

"우리가 행복한 삶을 사는 데 있어서 '돈을 어떻게 쓰느냐'가 '돈을 얼

마나 버는지'보다 더 중요합니다. '다른 사람을 위해 주는 것'이 '나를 위해 쓰는 것'보다 행복으로 가는 지름길입니다."

돈으로 행복을 살 수 있는가에 대해서 사람들이 궁금해한다. 답은 'Yes'이다. 나보다 주변 사람들을 위해서 돈을 쓰는 것, 그것이 돈으로 행복을 살 수 있는 좋은 길인 것이다.

 생각 포인트 다른 사람을 위해 선물을 사거나 기부해 본 적이 있는가?
만약 있다면 그때의 기분은 어떠했는가?

이 야 기 2 우리는 이웃에게 무엇을, 어떻게 줄 수 있을까? 다음 이야기를 읽으며 생각해 보자.

1970년 베트남 전쟁 때 일어난 일이라고 한다.

미국 선교사들이 운영하던 고아원에 폭탄이 떨어졌다. 한 소녀가 심하게 다쳤는데 피를 너무 많이 흘려서 생명이 위독했다.

수혈을 위해 소녀와 혈액형이 같은 사람을 고아원 운영진에서 찾아보았지만 마땅한 사람을 찾을 수가 없었다. 할 수 없이 고아원 아이들을 모아 놓고 미국인 의사가 서툰 베트남어로 "이 아이를 위해 피를 줄 사람 없니? 손을 들어다오."라고 요청했다.

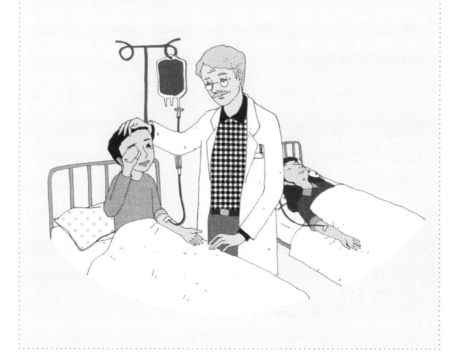

잠시 후 한 소년이 손을 들었다. 다행히도 혈액형이 일치했다. 소년과 소녀를 나란히 눕히고 소년의 팔뚝에 주사 바늘을 꽂자 소년의 눈가에 눈물이 고이기 시작했다. 의사가 왜 우느냐고 물었지만 소년은 아무 말도 하지 않았다.

나중에 알고 보니 그 소년은 자신의 피 전부를 그 소녀에게 주는 줄로 알고 있었기 때문에 자신이 죽는 것으로 생각하고 있었던 것이다.

감동한 선교사가 그 소년에게 물었다.

"죽을 줄 알면서 왜 손을 들었니?"

소년이 소녀를 돌아보면서 이렇게 말했다고 한다.

"얘는 내 친구니까요."

행복은 '나눔'에 있다. 소년과 소녀 사이에서 교류된 것은 혈액만이 아니라 바로 행복이었다.

 생각 포인트　내가 남을 위해서 나눌 수 있는 구체적인 방법에는 무엇이 있을까?

함께 생각하기

'주는 것'은 행복과 떼려야 뗄 수 없는 사이이다. 행복한 사람은 남을 위해 주는 것을 즐긴다. 그리고 주는 것은 우리를 더 행복하게 만든다. 그렇다면 주는 것에는 어떤 마법 같은 힘이 숨겨져 있어서 행복해지는 것일까?

첫째, 마라톤을 하는 사람들은 처음에는 심한 고통을 느끼지만 어느 시점을 지나면 쾌감을 느낀다고 한다. 이 현상을 '러너스 하이*Runner's High*'라고 한다. 뇌에서 기분 좋은 물질이 분비되어 기분이 좋아지는 것이다. 그런데 최근 연구에 따르면 사람들은 누군가를 도울 때도 이런 기분 좋은 경험을 하게 된다고 한다. 이를 '헬퍼스 하이*Helper's High*'라고 한다. 이처럼 누군가를 돕는 행위는 본능적으로 우리를 기분 좋게 만들어 주는 것이다.

둘째, 누군가에게 베풀면 우리는 '나는 쓸모 있는 사람이다.'라는 느낌을 갖게 된다. 심리학자들은 사람들을 실험실에 초청한 후, 가장 먼저 얼마나 행복한지 물어보았다. 그런 후에 사람들에게 봉투 하나씩을 나누어 주었는데, 거기에는 5달러짜리(또는 20달러짜리) 지폐 한 장이 들어 있었다. 심리학자들은 절반의 사람들에게는 "이 돈을 전부 자기 자신을 위해 쓰시오."

라고 지시했고, 나머지 사람들에게는 "이 돈을 전부 다른 사람을 위해 쓰시오." 하고 지시했다. 그러고는 돈을 다 사용한 후 오후 5시까지 실험실로 돌아오도록 부탁했다. 그리고 실험실에 돌아온 후에 얼마나 행복한지 다시 물어보았다. 누구의 행복이 아침에 비해 더 증가했을까?

남을 위해서 돈을 쓴 사람이었다. 연구자들은 사람들이 남을 위해 무언가를 하고 난 후에 기분이 좋아지는 이유를 이렇게 설명했다.

"남을 위해 무언가를 하면 나를 쓸모 있는 사람, 좋은 사람이라고 느끼게 되어 기분이 좋아집니다. 가끔 사람들은 '날 위해 무언가를 사는 것이 나를 더 행복하게 만들어 줄 거야.'라고 생각합니다. 그것이 순간적인 행복을 만들어 주기는 합니다. 그러나 그런 행복은 매우 짧고 남을 위해 주었을 때 느끼는 행복은 오래갑니다."

나는 쓸모 있는 사람, 나는 필요한 사람이라고 느끼는 사람은 행복하다. 이웃에게 주면 '나는 필요한 사람'이라는 확신을 얻을 수 있기에 오래 행복할 수 있다.

 이야기해 보기

내 주변에서 남에게 베푸는 것을 삶의 목적으로 삼는 사람이 있으면 함께 이야기를 해 보자.

내가 만드는 행복

나눌 수 있는 것에는 돈 외에도 각자 가지고 있는 재능들이 있다. 각자의 재능을 기부하고 나누어 보는 '재능 나눔' 활동을 해 보자.

 나눔 계획 세우기
나눔 쿠폰을 뽑고 나서 서로 계획을 세우는 시간을 갖는다. 나눔은 점심시간, 쉬는 시간, 방과 후 시간 외에 나눔을 실천하는 수업 시간을 준다.
이때 학생들은 나눔을 받는 동시에 줘야 한다. 20분 간격으로 나눔을 주고받으며 학생들끼리 서로 엇갈리지 않게 조율한다. 그 외에 나눔 횟수, 정도 등을 쿠폰을 뽑은 학생과 상세하게 합의를 하도록 한다.

가) 각자 만든 쿠폰을 칠판에 붙인다.
나) 좋은 나눔이라 생각되는 것에 지지와 응원의 스티커를 붙인다.
　　또한 내가 뽑을 쿠폰 순위도 생각한다.
다) 뽑는 순서를 뽑는다(시간이 없으면 그냥 무작위로 해도 좋다).
라) 순서대로 나와서 뽑고 싶은 쿠폰을 뽑는다.
마) 모든 학생들이 다 뽑았으면, 쿠폰 내용에 대해 서로 이야기를 나눈다.

나눔 실천하기

1단계 | 나눔 준비물을 꺼내고 쿠폰을 뽑은 친구들끼리 자리를 이동한다.

2단계 | 나눔을 실천한다.
 − 교사는 아이들이 잘 나누고 있는지 살펴본다.

3단계 | 20분이 지나면 역할을 바꿔서 나눔을 실천한다.

4단계 | 받는 나눔과 주는 나눔의 차이를 물어본다. 결국 나눔을 주려면 누군가는 나눔을 줘야 하고, 우리는 받는 나눔보다는 준 나눔을 더 오래 기억한다는 사실을 이야기한다.

5단계 | 각자 재능 보고서를 작성하며 수업을 마친다.

친구 사물함을 정리해 주는 모습　　　　김치볶음밥을 만들어 와서 나눠 먹는 모습

생각 넓히기

아주 간단한 실험이 방송에 소개된 적 있다. 한 학급에 앉아 있는 초등학생들을 두 명씩 짝을 이루게 했다. 짝을 이룬 두 명에게 장기 자랑을 하거나 퀴즈, 가위바위보를 하게 했다. 장기 자랑에서 더 잘하거나 퀴즈를 먼저 맞힌 사람, 그리고 가위바위보에서 이긴 사람은 상으로 금화 초콜릿 10개를 가져갈 수 있었다. 금화 초콜릿을 얻은 친구에게는 못 얻은 친구에게 원하는 만큼 나누어 줄 수 있다고 알려 주었다. 물론 하나도 안 줄 수도 있다고 말해 줬다.

신기하게도 굳이 초콜릿을 주지 않거나 조금만 나누어 줘도 좋았을 텐데 대부분의 아이들은 공평하게 금화 초콜릿 5개를 짝에게 나누어 주었다. 아이들은 초콜릿을 맛있게 나누어 먹으며 말했다.

"우린 친구잖아요."

내가 행복해지는 가장 좋은 길은 남을 행복하게 하는 것이다. 나누고 베푸는 것을 평생의 습관으로 만들어 보자. 내 삶을 바꾸어 놓을 위대한 습관이 될 것이다.

10

용서하기

용서는 자신에게 주는
최고의 선물이다

들어가기

　　제2차 세계 대전 당시 독일의 라벤스부르크에 있었던 한 수용소에서 9만 6000여 명의 어린이와 여성들이 희생되었다. 이 수용소의 상황은 열악했다. 쥐들이 들끓었고, 난방도 공급되지 않았다. 수감자들에게는 극소량의 식사만 제공되었으며, 이들은 중노동에 시달려야만 했다. 상상조차 할 수 없을 정도로 끔찍한 이곳에서 오른쪽에 보이는 기도문이 발견되었다.

　　수감자들은 자신들을 죽음으로 몰고 간 사람들에게 기도를 통해 '용서'라는 최고의 선물을 준 것이다.

　　용서는 가해자에게만 최고의 선물이 아니라 우리가 우리 자신에게 줄 수 있는 최고의 선물이다. 분노와 증오 때문에 복수심만 가득한 마음은 가장 불행한 마음이다. 진정 행복해지고 싶다면 마지막 관문인 '용서'의 문을 통과해야만 한다!

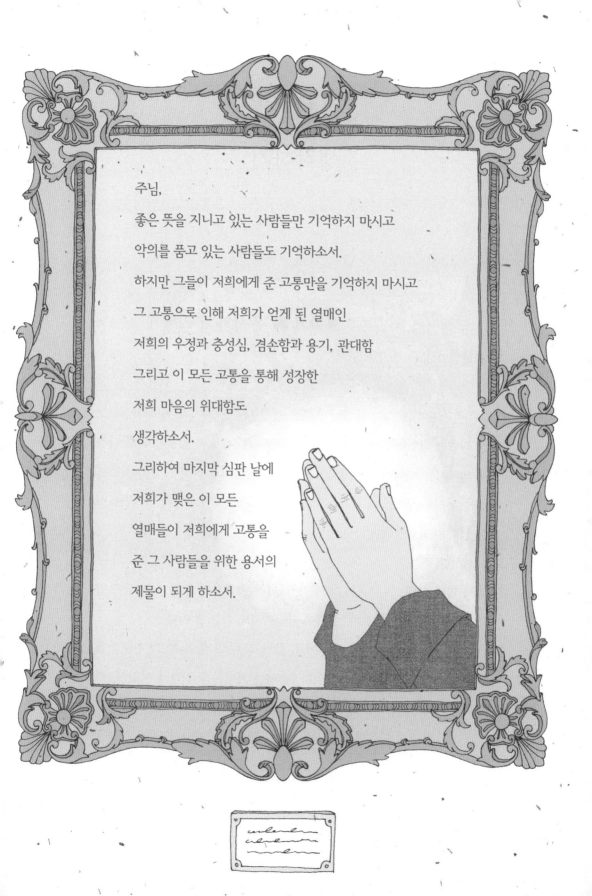

주님,

좋은 뜻을 지니고 있는 사람들만 기억하지 마시고

악의를 품고 있는 사람들도 기억하소서.

하지만 그들이 저희에게 준 고통만을 기억하지 마시고

그 고통으로 인해 저희가 얻게 된 열매인

저희의 우정과 충성심, 겸손함과 용기, 관대함

그리고 이 모든 고통을 통해 성장한

저희 마음의 위대함도

생각하소서.

그리하여 마지막 심판 날에

저희가 맺은 이 모든

열매들이 저희에게 고통을

준 그 사람들을 위한 용서의

제물이 되게 하소서.

생각하기

이야기 1 용서가 우리에게 주는 최고의 선물인 이유를 생각해 보자.

우리는 흔히 용서는 자신에게 해를 끼친 사람을 그저 잊어버리거나 그냥 봐주는 것이라고 생각한다. 그 사람을 향한 분노를 멈추기 위해 감정을 억제하는 것이라고 생각하기도 한다. 또는 내가 착한 사람이니까 잘못을 저지른 사람을 용서해 주는 것이라고 생각하기도 한다. 그러나 이런 생각은 진정한 용서가 아니다.

진정한 용서란 '우리에게 부당하게 상처를 준 사람을 향한 분노와 부정적 판단 그리고 무시하는 행동을 버리려는 의지와 함께 그 사람을 향한 진심 어린 동정과 자비, 심지어 사랑까지도 품는 것'이다.

'Forgiveness(용서)'라는 단어를 글자 그대로 풀어 보면 누군가를 'for(위하여) giveness(주는 것)'이다. 용서는 가해자를 위하기 이전에, 바로 나 자신을 위해서 주는 것이다.

부처님 말씀에 따르면 분노에 차 있는 것은 마치 뜨거운 석탄을 누군가에게 던지기 위해 쥐고 있는 것과 같다. 뜨거운 석탄을 계속 쥐고 있으면 어떻게 될까? 내 손이 먼저 화상을 입고 고통을 당하게 된다. 누군가를 용서하지 못하고 자신의 건강과 행복을 손상시키면서 화를 품고 있는 것은 마치 뜨거운 석탄을 꽉 쥐고 버리지 못하는 것과 같은 것이다.

용서는 나 자신에게 좋은 점이 많다. 용서는 우리의 몸을 건강하게 한다. 용서를 잘하는 사람은 심장 질환의 위험 수치가 낮고, 담배나 술을 잘하지 않는다. 또한 잠을 잘 자고, 두통, 요통, 감기와 같은 병치레가 적으며 전반적으로 건강 상태가 좋다.

무엇보다 용서는 우리를 더욱 행복하게 한다. 용서를 하는 사람은 긍정적이고, 우울증이 적으며 스트레스도 적다. 더불어 다른 사람을 더 잘 도우며 다른 사람들과의 관계도 더 좋다. 이렇듯 용서는 내가 내 자신에게 주는 최고의 선물이다.

 생각 포인트   '용서는 내가 할 수 있는 최고의 복수다.'라는 말의 뜻은
무엇일까?

이야기 2 용서를 실천했던 테오의 이야기를 읽어 보자.

《용서해, 테오》라는 이야기에 나오는 테오의 형은 어느 날 교통사고로 목숨을 잃는다. 테오는 물론 가족 모두 깊은 슬픔에 빠져서 매일같이 눈물을 흘리며 시간을 보낸다. 그러던 어느 날, 부모님은 사고를 낸 아저씨를 만나러 가자고 테오에게 말한다. 그러나 테오는 그 아저씨를 만나고 싶지 않았다. 그 아저씨는 형을 죽인, 세상에서 제일 밉고 원망스러운 '괴물' 같은 사람이었으니까.

부모님은 "그 아저씨도 괴로워하고 있다."고 말했지만 테오는 자신이 왜 그 아저씨의 아픔까지 신경을 써야 하는지 알 수 없었다.

하지만 아저씨와 아저씨의 딸을 만난 테오는 그들도 자신처럼 괴로워하고 있으며, 모두 함께 괴로움에서 벗어날 수 있는 방법은 자신이 아저씨를 용서하는 것임을 알게 되었다. 아무리 아저씨를 원망해도 형은 돌아올 수 없으며, 남은 사람들은 자신들의 삶을 행복하게 만들기 위해 최선을 다해야 한다는 것을 깨달았다.

테오는 아저씨를 용서하고, 조금씩 자신을 얽매고 있던 슬픔에서 벗어나게 되었다. 다시는 돌아오지 않을 현재의 삶을 소중히 여기고 바로 '지금 내게 주어진 하루하루를 열심히 사는 것', 그것이 형이 테오에게 남긴 가르침이었기 때문이다.

  용서가 쉽지만은 않다. 어떻게 하면 용서를 쉽게 할 수 있을까? 바로 자기가 용서받았던 경험을 떠올려 보는 것이다. 큰 잘못을 저질러서 호되게 야단맞을 줄 알았는데 부모님께 용서받은 적이 있다면 그 경험을 떠올려 보라. 우리가 용서받았을 때의 기쁨과 고마움을 떠올린다면 똑같은 것을 남에게 베풀어 주는 것이 얼마나 큰 선물인지 알게 될 것이다.

 생각 포인트 내가 용서 받았던 기억을 떠올리면 남을 용서하는 것이 쉬워지는 이유는 무엇일까?

함께 생각하기

인간관계 중에 가장 어려운 것이 '용서'라고 한다. 용서는 행복한 삶을 위한 '어렵지만 중요한 문제'이다.

용서에 대한 오해

스탠포드대학교 용서 프로젝트를 실행한 프레드 러스킨은 용서에 대한 오해가 용서를 어렵게 만든다고 한다. 용서를 마음 아픈 일을 당해도 참거나 그냥 잊는 것 또는 화해한 척 하는 것으로 생각한다면 용서는 더 어려워진다. 그렇다면 진정한 용서란 무엇일까?

용서는 나에게 잘못을 저지른 사람을 위해 화를 억누르고 넘어가는 것이 아니라, 나를 위해 마음속 미움과 상처를 지우는 과정이다.

용서하는 것을 통해 가장 큰 혜택을 얻는 사람은 우리 자신이다. 우리가 부당한 대우를 받았을 때 선택할 수 있는 태도는 세 가지뿐이다. 첫째 복수할 마음을 먹는 것, 둘째 화를 품고 억누르며 지내는 것, 셋째 용서이다.

용서는 이미 일어난 일을 없었던 것으로 하는 것이 아니라, 지난 일로부터 자유로워지는 것이다.

용서할 때 우리는 스스로에게 좋은 의사가 된다. 용서를 할 때 우리는 원망이나 슬픔 그리고 과장 없이 지난 일을 추억하게 된다.

용서는 상대방이 계속 나에게 잘못을 저지르도록 놔두는 것이 아니라, 나의 행복을 위해 선택하는 것이다.

상대방이 미안하다고 안 해도 우리는 용서할 수 있다. 상대방이 진정으로 사과하지 않는다면 그 사람과 가까워지기는 어렵다. 하지만 상대방을 반드시 좋아해야 용서한 것은 아니다.

용서의 3단계

프레드 러스킨은 용서를 훈련을 통해 배워 익힐 수 있는 기술이라고 설명한다. 상심한 260명에게 용서를 연습하도록 했더니 스트레스가 감소했고, 감정을 다스리는 능력도 갖추게 되었다. 용서는 결심으로부터 시작된다.

1단계 복수 포기하기 – 고대 그리스의 시인 호머는 복수는 '혀에 감돌고 꿀처럼 턱에 떨어지는 것'이라고 말했다. 부당한 일을 당하면 누구나 복수하고 싶다. 그러나 용서를 결심한다면, 우리는 두 손에 꼭 쥐고 있던 복수할 마음을 놓아 버리게 된다. 그러고 나면 개운해진다.

2단계 상처 준 사람의 인간다움 재발견하기 – 용서의 큰 장애물은 나에게 상처 준 사람의 잘못이 너무 커 용서가 불가능하다고 생각하는 것이다. 그러나 용서하기로 결심하면 분노 없이 상대방을 다시 보게 되고, 상대방의 부족한 면에 대해 이해할 수 있게 된다.

3단계 감정 바꾸기 – 용서를 결심하고 나면, 나에게 잘못한 사람에게 좋은 일이 있기를 바라는 마음을 조금씩 가져본다. 우리에게 잘못을 한 사람의 앞길에 행운을 빌어 준다면, 분노로 인한 긴장이 누그러들 것이다.

유대인들은 용서하는 마음을 '매너'라며 용서하는 것을 습관처럼 가르친다. 아프리카의 어떤 부족에게는 어떤 잘못을 저질러도 용서해 주는 기간인 '용서 주간'을 두는 풍습이 있다. 《행복》 교과서의 용서 페이지를 펼친 오늘을 '용서의 날'로 삼고, 용서를 결심하는 하루로 삼아 보자.

"용서가 우연히 일어나는 경우는 없다.
우선 용서하겠다는 결심이 있어야 한다.
용서는 강요될 수 없는 행위이다.
선택은 당신의 자유다.
용서를 선택함으로써
과거를 해방시켜 현재를 치유할 수 있다."
– 스탠포드 '용서 프로젝트' 창시자 프레드 러스킨

내가 만드는 행복

용서를 하는 방법 중 하나는 용서 편지를 쓰는 것이다. 나에게 상처를 준 사람에게 진심을 담아 용서 편지를 써 보자. 만일 용서를 해 줄 사람은 없고 내가 용서를 구해야 할 사람이 있다면 그 사람에 용서를 구하는 편지를 써 보자.

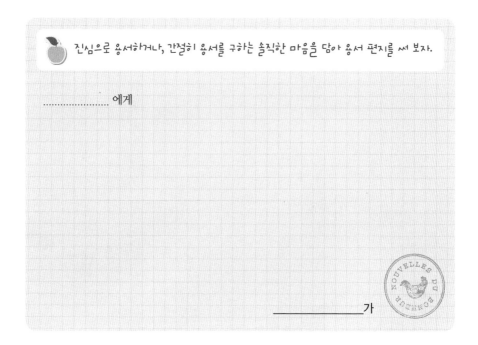

진심으로 용서하거나, 간절히 용서를 구하는 솔직한 마음을 담아 용서 편지를 써 보자.

.... 에게

_____ 가

용서에는 다른 사람을 향한 용서도 있지만 나 자신을 향한 용서도 있다. 자신의 실수를 인정하고, 그로 인해 피해를 본 사람에게 사과하고 같은 잘못을 다시는 반복하지 않겠다는 약속을 하면서 자신을 용서하게 되면 자신을 억눌러 왔던 죄책감에서 벗어나게 된다. 이제 내 자신에게 진심으로 '괜찮아'라는 말과 함께 용서하며 위로하는 말을 편지로 써 보자.

··· 나에게

생각 넓히기

용서에 대한 강의를 듣고 난 후에 한 사람이 교수에게 질문했다.

"교수님, 왜 용서해야 하는지 잘 들었는데요, 용서하기 전에 그 사람을 한 대만 때려 주면 안 될까요? 그래야만 속 시원할 것 같은데요."

많은 사람이 이 사람의 심정에 동의할 것이다. 나에게 상처 준 사람을 혼내 주고 복수하고 싶은 마음을 떨치기는 쉽지 않다.

남아공의 넬슨 만델라 대통령이 미국 대통령 취임식에 참석해 연설을 했다. 만델라는 각국의 주요 인사들이 참석한 그 자리에 자신이 27년간 수감되어 있었던 감옥의 간수 세 명을 초대했다. 어떻게 그들을 용서할 수 있었는가라는 질문을 받고 만델라 대통령은 이렇게 말했다.

"감옥 문을 나가는 순간 나는 그 사람들을 계속 미워한다면 여전히 감옥에 갇혀 있게 된다는 사실을 깨달았다."

용서하지 않으면 우리는 분노와 증오라는 감옥에 계속 갇히게 된다.

기억하자. 용서는 그 사람을 위한 것만이 아니라 바로 나 자신을 위한 것임을. 내가 나에게 줄 수 있는 가장 위대한 선물이 바로 '용서'이다.

행복도 연습이 필요하다

지금까지 여러분은 행복에 대해서 배웠다. 행복이 무엇인지, 행복이 왜 중요한지, 행복해지기 위해서 어떤 노력을 해야 하는지에 대해서 이제 조금은 알게 되었을 것이다. 앞에서 배운 것들 중 핵심적인 것들을 다시 한 번 정리해 보도록 하자.

행복의 정의_ 행복은 마음이 즐거운 상태이다

행복은 우리의 마음이 재미와 의미, 그리고 몰입으로 인해 즐거운 상태를 의미한다. 다시 말해 재미, 의미, 그리고 몰입이 충만한 삶이 행복한 삶이다. 행복의 조건들(돈, 외모, 건강 등)과 행복 자체를 혼동해서는 안 된다. 행복의 조건이 행복 자체는 아니므로, 우리는 '조건과 상관없이' 더 나아가서는 '조건에도 불구하고' 행복해지는 연습을 해야 한다.

행복의 중요성_ 행복은 적극적으로 추구해야 할 인생의 기초 체력이다

우리는 지금까지 '건강하면 행복하다, 돈이 많으면 행복하다'와 같이 행복을 어떤 조건들을 갖게 되면 생기는 결과라고 생각해 왔다. 그러나 행복은 그런 조건들을 가져오는 원인임을 기억하는 것이 중요하다. 돈, 건강, 관계, 장수 등 좋은 일은 행복한 사람에게 일어날 가능성이 높다. 행복은 장기적으로 우리에게 큰 도움이 되는 인생의 '기초 체력'이라고 할 수 있다.

행복의 요소_ 어떤 관점으로 무엇을 누구와

행복은 우리가 '어떤 관점'으로 '무엇'을 '누구와' 함께 하느냐에 의해 크게 좌우된다. 이 책에서는 행복 연습법을 이 세 가지로 구분해 제시했다.

1. 긍정적인 관점 : 행복은 긍정적인 관점에서 출발한다

삶을 대하는 태도가 긍정적인 사람이 행복하다. 관점을 바꾸면 인생을 바꿀 수 있음을 기억하자. 가장 먼저 우리는 이미 주어져 있는 것들에 대해 감사하는 습관을 길러야 한다. 행복은 내가 원하는 것을 모두 갖는 것이 아니라 내가 가지고 있는 것을 진심으로 감사하는 것이다. 행복의 가장 큰 방해물은 '남과의 비교'이다. 내 자신의 눈으로 세상을 봐야 한다. 남들과 비교하기보다 과거의 나와 비교하여 내가 얼마나 성장하고 있는지 확인하고, 내가 꿈꾸는 미래의 나와 비교하여 목표에 매진하는 것이 필요하다.

2. 목표 추구 : 행복은 '현재'를 음미하고 '올바른 목표'에 '몰입'하는 과정에서 경험할 수 있다

행복은 아무 생각 없이 TV를 보는 것과 같은 수동적인 여가에서 오지 않는다. 인생을 걸 수 있는 목표를 세우고 그 목표를 적극적으로 추구할 때 행복이 찾아온다. 몰입하는 연습이 필요하다. 주의를 빼앗아 가는 자극들을 줄이고 무슨 일이든 집중해야 한다. 무엇을 하는가도 중요하지만 무엇을 하든 그 일에 몰입하는 것이 더 중요하다. 그리고 현재 일어나고 있는 일들을 충분히 음미하고 만끽하도록 하라. 식구들과의 식사, 친구와의 대화, 붉은 노을…… 그것이 무엇이 되었든지 시간을 내서 음미하고 만끽하려고 노력하는 것은 행복으로 가는 지름길이다.

3. 관계: 행복은 관계에 있다

행복은 '우리'를 통해 나온다. 우리가 추구해야 할 행복도 '나만의 행복'이 아니라 '우리 모두의 행복'이다. 내가 행복해지는 가장 좋은 길은 남을 행복하게 하는 것임을 명심하자. 마지막으로 용서를 실천하자. 용서는 우리가 우리 자신에게 줄 수 있는 최고의 선물이다.

행복에도 연습이 필요하다

우리에게는 잘 길들여진 습관들이 있다. 예를 들면, 식사 후에 우리는 꼭 이를 닦는다, 아침이면 꼭 학교에 간다, 차를 타면 꼭 안전벨트를 맨다 등…… 이런 습관들이 자연스러워지기까지 우리는 오랜 시간 동안 실천해 왔다. 행복 연습도 마찬가지다.

행복해지기 위해 노력하는 것은 근육을 키우는 것과 비슷하다. 근육은 결심한다고 해서 바로 생겨나지 않는다. 부단히 노력해야 한다. 행복 연습은 마음의 근육을 늘리는 작업이다. 이 책에서 배운 내용들을 평생 지켜나간다고 생각하자.

· 관점 바꾸기

· 감사하기

· 비교하지 않기

· 목표 세우기

· 음미하기

· 몰입하기

· 관계를 돈독하게 하기

· 나누고 베풀기

· 용서하기

위의 내용은 내 인생에서 이루어질 행복 연습의 첫 시작이다. 자 이제 내가 꿈꾸는 좋은 인생을 위하여 힘찬 행진을 시작하자!

참고 도서 목록

01 행복이란 무엇인가_

《이윤기의 그리스 로마 신화》 이윤기 글, 웅진지식하우스(2000)

02 관점 바꾸기_

《Percy the Pink》 Colin West 글, JYBooks(2005)

03 감사하기_

《오프라 윈프리의 희망 메시지 365》 오프라 윈프리 매거진 편집부 엮음, 랜덤하우스(2010)

《닉 부이치치의 허그》 닉 부이치치 글, 최종훈 옮김, 두란노(2010)

《내 이름은 예쁜 여자입니다》 김희아 글, 김영사on(2013)

05 목표 세우기_

《I CAN'T ACCEPT NOT TRYING: MICHAEL JORDAN ON PURSUIT OF EXCELLENCE》

Haper San Francisco(1994)

06 음미하기_

《사흘만 볼 수 있다면》 헬렌 켈러 글, 박에스더·이창식 옮김, 산해(2008)

07 몰입하기_

《몰입의 재발견》 미하이 칙센트미하이 글, 김우열 옮김, 한국경제신문(2009)

10 용서하기_

《용서해, 테오》 질 티보 글, 이정주 옮김, 어린이작가정신(2009)

이 책에 사용된 심리학 용어 정리

• **뒤센 스마일** 11p

  눈과 입 주변 모두를 움직이는 진짜 웃음.

• **프레임** 24p

  관점, 태도, 자세, 삶의 철학 등을 가리키는 심리학 용어.

• **두 개의 수도꼭지 원리** 26p

  인간의 부정 정서와 긍정 정서는 서로 독립적이기 때문에 부정 정서가 없다고 해서
  긍정 정서가 자동적으로 생기지는 않는다는 것. 걱정이나 근심을 없애는 것과 함께
  즐거움과 행복을 심어 주는 노력을 동시에 해야 함을 의미하는 원리.

• **상대적 박탈감** 56p

  남들과 비교할 때 자기가 충분히 가지지 못한 것을 발견하고 생기는 불만.

• **물질주의** 73p

  돈을 가장 소중한 가치로 생각하는 것. 신체나 외모, 권력을 지나치게 중시하는 것
  도 해당함.

• **접근의 목표** 74p

  실패와 실수를 피하려는 목표가 아니라 성공과 성취를 적극적으로 이루려는 목표.

• **외재적 목표** 77p

  일 자체보다 그 일로 인한 보상이나 혹은 일을 하지 않으면 안 되는 압력 때문에 추
  구하는 목표.

• **내재적 목표** 77p

  어떤 일 자체가 즐겁기 때문에 추구하는 목표.

• **음미하기** 91p

  어떤 것의 맛이나 향기를 천천히 즐긴다는 의미로 즐거움을 주는 대상을 충분히 즐
  기려는 행동.

• **몰입(flow)** 106p

  한 가지 일에 완전히 몰두되어 자기에 대한 의식조차 사라지고 시간과 공간에 대한
  의식이 없어지는 상태.

- **연구진**

김가영   김길수   김은용   박선옥   손혜진   오진아   윤선희
조문광   조은영

- **집필진**

*표시는 집필 책임자

*최인철(서울대학교 심리학과 교수)   홍영일(서울대학교 행복연구센터 선임연구원)

류승아(경남대학교 심리학과 교수)   김경미(동명대학교 상담심리학과 교수)

이명아(연세대학교 심리학과 박사과정)

청소년들의 행복 수업을 위한 첫걸음

행복

초판 1판 1쇄 발행 | 2011. 8. 10.
개정판 1판 1쇄 발행 | 2013. 2. 25.
개정판 2판 15쇄 발행 | 2024. 5. 10.

서울대행복연구센터 지음 | 문다미 그림

발행처 김영사 | 발행인 박강휘
등록번호 제 406-2003-036호 | 등록일자 1979. 5. 17.
주소 경기도 파주시 문발로 197(우10881)
전화 마케팅부 031-955-3100 편집부 031-955-3113~20 | 팩스 031-955-3111

값은 표지에 있습니다.
ISBN 978-89-349-8214-2 43180

좋은 독자가 좋은 책을 만듭니다. 김영사는 독자 여러분의 의견에 항상 귀 기울이고 있습니다.
전자우편 book@gimmyoung.com | 홈페이지 www.gimmyoungjr.com

|어린이제품 안전특별법에 의한 표시사항| 제품명 도서 제조년월일 2024년 5월 10일
제조사명 김영사 주소 10881 경기도 파주시 문발로 197 전화번호 031-955-3100 제조국명 대한민국
사용 연령 13세 이상 ⚠주의 책 모서리에 찍히거나 책장에 베이지 않게 조심하세요.